湛庐CHEERS

与最聪明的人共同进化

HERE COMES EVERYBODY

通俗经济学鼻祖

THE FOUNDER OF POPULAR ECONOMICS

罗伯特·弗兰克
Robert H. Frank

Robert H. Frank

THE FOUNDER OF POPULAR ECONOMICS

/ 从都铎家族弃子到常春藤名校教授

1945 年，罗伯特·弗兰克出生在美国佛罗里达州的科勒尔盖布尔斯。他的生父是一名飞行员，生母来自科德角的一个显赫家族，祖先是被称为“冰王”的弗雷德里克·都铎（Frederic Tudor）——19 世纪新英格兰最富有的人之一，其本人的大幅油画肖像就挂在哈佛大学的贝克图书馆里。然而，因为生父早在家乡与别人订婚，无法与他的生母结婚，弗兰克一出生就被送给两位按摩师收养。虽然他从来没有饿着肚子睡过觉，但用钱总是很拮据。他从小就知道，想要某件特别的东西，就要凭借一己之力去赚取。他曾经为了赚钱在酒吧擦过皮鞋，在黎明前送过报纸。弗兰克的生活看似不如他的表兄妹幸福——他们很小就知道自己长大后会获得一笔数目不菲的信托基金，但这段经历使得他深刻地体会到，克服一切困难去争取自己想要的东西是多么重要。

1971 年，读经济学博士研究生的第四年，弗兰克到新奥尔良美国经济协会的年度会议上寻找工作。那几天他恰巧生病了，挺着 40 度的高烧参加面试却依然得到了三所高校的青睐，最终他选择了常春藤名校康奈尔大学。

/ 全世界最受欢迎的经济学教材作者

参加工作的前三年，弗兰克的生活并不顺利，他离了婚，要一个人照顾两个未成年儿子，基本没有精力和心思投入学术研究。但第四年成为一个重要的转折点，他与成功的政策经济学家内德·格拉姆利克（Ned Gramlich）成了朋友。内德发现，弗兰克关于劳动力市场的一些想法很耐人寻味，所以鼓励他写一篇论述观点的文章。弗兰克写完后将这篇论文投给了经济学领域最负盛名、择稿最严格的《计量经济学》（*Econometrica*）杂志，不到两个月就收到了用稿信。随后，他对这一主题进行延伸扩展，又完成三篇论文并投给杂志社，很快就收到《美国经济评论》（*American Economic Review*）、《政治经济学杂志》（*Journal of Political Economy*）以及《经济学与统计学评论》（*Review of Economics and Statistics*）的用稿信。要知道，这些刊物的论文投稿选用率都是不到10%。

随后，弗兰克发表了大量学术论文，还撰写了多本经济学著作。其中，与美联储前主席本·伯南克（Ben Bernanke）合著的《宏观经济学原理》和《微观经济学原理》跻身“全世界最受欢迎的经济学教材”之列。

让经济学变得妙趣横生的博物经济学家

除了在研究领域获得骄人成果，弗兰克在教育领域也成就非凡，被誉为“全美最有趣的经济学课堂主讲教授”。他开设的微观经济学入门教程每年都会吸引 6 000 多名学生，他们通过这门课程体会到了学习经济学的乐趣。

通过与学生问答的方式，弗兰克收集了大量生活中的经济学问题。经过 20 多年的收集和整理，他完成了《牛奶可乐经济学》一书。不同于传统经济学著作中充斥着艰涩的数学公式，这本书通过一个个妙趣横生的生活事例，将经济学化繁复为精妙。该书在中国一经出版，就成为经济学类第一畅销书。随后，他又出版了《牛奶可乐经济学 2》《牛奶可乐经济学 3》《牛奶可乐经济学 4》《成功与运气》等作品。

《华盛顿邮报》这样评价他：弗兰克不是一位学术型经济学家，他主张经济学应该是一门根植于经验和观察的社会科学，而不是以数学为核心的硬科学。他所著的《牛奶可乐经济学》把经济学从数学中解放了出来，并为其在人们的日常生活中生根发芽提供了无限的能量。

弗兰克主要作品

《牛奶可乐经济学》
《牛奶可乐经济学 2》
《牛奶可乐经济学 3》
《牛奶可乐经济学 4》
《成功与运气》
《行为传染效应》

CHEERS
湛庐

THE ECONOMIC NATURALIST

牛奶可乐经济学

[美] 罗伯特·弗兰克 Robert H. Frank 著
阎佳 译

这些不同于黑板上的经济学知识，你了解吗？

扫码加入书架
领取阅读激励

扫码获取全部测试题及答案
一起学习最妙趣横生的
经济学知识

- 当收益不低于成本时，商家才应增设某一产品的功能，这是对的吗?

  A. 对

  B. 错

- 餐厅提供免费续杯主要是为了：（单选题）

  A. 让顾客有更好的就餐体验

  B. 消耗过多的库存

  C. 吸引额外的顾客，增加利润

  D. 迎合市场的需求（别的餐厅免费续杯了）

- 为什么女模特的收入比男模特的高？（单选题）

  A. 女士的衣服大多是男士买单

  B. 女士时装产业比男士时装大得多

  C. 女模特更善于表现自己

  D. 男模特成本比女模特高，所以商家不愿雇佣

扫描左侧二维码查看本书更多测试题

推荐序一
The Economic Naturalist

欢迎进入经济学的游乐园

何 帆
北京大学汇丰商学院经济学教授
中国人民大学重阳金融研究院高级研究员

我猜想你是为了学习经济学才买了这本《牛奶可乐经济学》。经济学是社会科学中的明珠，经济学的影响已经渗透到了很多其他的学科，有些不服气的人称之为“经济学帝国主义”。著名经济学家凯恩斯曾经说过，“危险的东西不是既得利益，而是思想”，因为统治者自以为不受任何学理的影响，其实不过是过去的某个经济学家的俘虏。

既然经济学这么重要，那么，我们该怎样学习经济学呢？

很多学生是在课堂上学习经济学的。这叫“黑板上的经济学”。你从黑板上学来的经济学，充满了图表、公式、专业术语。学完经济学，没有学懂的学生们会觉得经济学枯燥无味、不知所云；自以为学懂的学生们会以为整个世界都是为经济学而创造的，而他掌握了全部的真理。

这样的经济学，学了还不如不学。

《牛奶可乐经济学》的作者、康奈尔大学的罗伯特·弗兰克教授却不是这样教授经济学的。他的经济学课总是堂堂爆满，教室里常常发出一阵阵大笑。弗兰克是怎样让学生爱上经济学的呢?

他主张，经济学应该是基于经验和观察的学科，而不是以数学为核心的科学。他给学生布置了一项作业：利用经济学原理，探讨你亲身观察到的事件或行为模式中的有趣问题。具体的要求是：文章的字数不能太长，不要超过500字。不许用公式、图表和专业术语。假设你就是在给一个从来没有学过经济学的朋友讲故事，而且要让他听懂。

《牛奶可乐经济学》里充满了这些睿智、有趣的小故事。比如，为什么这本书译为《牛奶可乐经济学》呢，就是因为书中讲到了一个故事：为什么牛奶装在方盒子里卖，而可乐却装在圆瓶子里卖?

第一种解释是，你买了可乐，就会撬开瓶盖，对着瓶口，一饮而尽，这样爽得很。而且圆形的瓶子更称手。但你买了牛奶，却不会直接就着盒子喝，你会把它倒进杯子里喝。这个解释未必能让大家信服，要是牛奶也做成圆瓶子，说不定我们也会改变消费习惯，直接就着牛奶瓶子喝。

第二种解释是，要考虑成本收益分析。方形的容器能够节约货架成本。大部分可乐是放在开放式货架上的，因为可乐的保质期更长。冰柜里可能放几瓶可乐，那是为了吸引想要马上就喝的心急的顾客。开放式货架便宜，也不需要太多的运营成本，所以即使圆形的瓶子浪费了一些空间也无所谓。牛奶需要放在冰柜里，不然很快就会变质，冰柜的储存空间相当宝贵，方形盒子提高了装牛奶的效益。

经济学里最重要的原理就是成本收益分析。你看，用这么一个小小的例子，一定能让你理解并记住成本收益分析的重要性。

为什么弗兰克的这种教学方法比“黑板上的经济学”更可取呢？因为讲故事更符合我们人类的认知模式。人类在漫长的进化过程中变成了一种非常擅长讲故事的物种。在原始部落里，天黑之后，大家围着篝火，听部落里的老人讲各种神奇的故事。相比之下，人类很难处理公式和图表，也不擅长逻辑推理，但人天生就是讲故事、听故事的高手。

你可以观察一下儿童的学习，他们一定会把要学的东西、要记的东西编成故事。没有故事，就没有意义，孩子们就很难理解并记住。不要说是孩子，就是成年人、领导者，在判断和决策的时候，依靠得更多的都是故事，而不是理论。一个好的故事，胜过 1 000 个好的理论。

在讲故事的过程中，人们能够更自然地代入，设身处地地去思考在特定的情景下该如何选择。好的故事会提供深浅不一的寓意，听故事的人能像剥笋一样，一层层剥开，一层层体会。

在《牛奶可乐经济学》里，还有许许多多这样的故事。比如：为什么酒吧里不值钱的水要收费，要一碟花生米却免费；为什么女模特的收入高于男模特；为什么鲸鱼濒于灭绝，鸡却不会；为什么几乎全新的二手车比新车便宜得多；为什么住在农村的人比住在城里的人早结婚；为什么经济学里有那么多数学公式；为什么律师总是西装革履，而教授却往往衣着邋遢。

你可能会觉得这都是刚进校门的大学新生们找到的一些无聊的小题目。弗兰克把提供答案的作者名字也公布了出来，细心观察，你会发现，像阿克洛夫、谢林这样的诺贝尔经济学奖得主的名字也在里面。

熟悉经济学的朋友可能会对以下这些问题更有印象：

- 按照经济学的逻辑，穷国的资本稀缺，物以稀为贵，所以穷国的资本回报率应该比富国更高，富国的资本应该流入穷国才对，但为什么穷国的钱反而流向了富国？
- 按照经济学的逻辑，劳动力丰富的国家应该集中出口劳动力密集型产品，而资本密集的国家应该集中出口资本密集型产品。美国是一个资本密集的国家，但为什么美国出口的劳动力密集型产品所占的比重很高？
- 你得到 10 块钱和失去 10 块钱，对你来说应该是对等的，毕竟，10 块钱永远是 10 块钱，但为什么人们更不愿意失去 10 块钱呢？比如，为什么很多股民会把赚钱的股票卖掉，而把赔钱的股票死死地捂在手里？
- 按照常识，人多力量大，那么消费者作为一个群体的力量应该最大，但为什么我们会看到买家没有卖家精，买家和卖家说理，经常是卖家占了上风呢？

提出这些问题的经济学家分别是卢卡斯、列昂惕夫、卡尼曼和奥尔森。前三位都是诺贝尔经济学奖得主，后一位如果不是英年早逝，得奖的可能性也很大。

就像爱因斯坦所说的，提出问题比回答问题更重要。学习经济学最好的办法，不是从教科书里学习被别人咀嚼了很多遍的现成的定义、公理和公式，而是开启大脑的搜索模式，不断地发现新奇的问题，然后尝试给出一个能够说服自我，最好也能让别人信服的解释。《牛奶可乐经济学》里提出的问题都很有趣，但提供的答案并非都是标准答案，有的答案并不完美，亲爱的读者朋友，你不妨试试，看自己能不能挑出里面的瑕疵？

著名经济学家萨缪尔森在其流传甚广的《经济学》教科书里说："要领悟经济分析的优美结构，仅仅需要有逻辑感，和能够对于经济学这样的思维体系竟会对整个世界上亿万人具有生死攸关的意义感到惊奇。"他说得很好，但不全面，学习经济学，还要有孩童般的好奇心。

欢迎进入经济学的游乐园。

经济学解释生活

梁小民
著名经济学家

20 世纪 90 年代在康奈尔大学进修时，朋友告诉我，罗伯特 · 弗兰克教授的经济学课讲得生动、活泼，极受同学欢迎，于是我也去听。果然教室里常有一阵阵大笑，应该是有什么幽默的妙语，可惜我的英语听力太差，讲原理还能连蒙带猜听下来，幽默的话听懂得少，只能陪着干笑，且慢了半步。罗伯特 · 弗兰克教授上课时经常要求同学们把自己想到的经济现象写下来，并用经济学方法进行分析。写得好的常受到表扬。这本书的部分内容就来自学生写的这些短文（当然弗兰克教授作了修改），另一部分是他自己写的。

这本书的内容是用经济学的原理和方法来解释生活中的各种现象，并通过这些事例和解释来加深人们对经济学的理解。这也是弗兰克教授讲授经济学的方法。这种讲法同学爱听，写出书来，读者也爱看。

这本书关注的是我们在现实中司空见惯而又未注意到的现象。比如，为什么牛奶的盒子是方的，可乐的瓶子是圆的；为什么酒吧中不值钱的水要收费而花生米却免费；为什么女模特的收入高于男模特；为什么饮料可以免费续杯；为什么许多超市 24 小时营业；为什么鲸鱼濒临灭绝，而鸡却不会；为什么几乎全新的二手车比新车便宜得多；为什么 DVD 制式各地不同，而 CD 一样；为什么单行道上谦让反而降低效率；为什么外表富有吸引力的人也更聪明，等等。当然，作者指出现实中比这多得多的现象，不是就事论事，而是要告诉你背后的经济学原理。

理论是灰色的，生命之树常青。如果一开始就讲经济学原理，你一定会感到枯燥，但从这些你每天都能见到，却从未问过为什么的现象入手，你一定会兴趣盎然，迫不及待地想要读下去。而且读完之后你会有醍醐灌顶之感，对经济学的原理了解了，也知道如何用这些原理去解释更多的现象，这时你就会成为经济学的“粉丝”。在这种愉悦而轻松的阅读中，你掌握了经济学看似深奥的原理，认识世界的水平提高了，决策也会更加理性。

当然，从现象入手并不是就事论事，解释这些现象，而是要给你一种系统的经济学入门知识。书中所涉及的现象，都是日常的凡人小事。用来解释这些现象的理论工具是微观经济学，这正是本书的基本内容。由于这本书的写作方法与一般的教科书不同，所以，书中的结构并不是教科书式的，而是每章围绕一个中心来展开。“引言”可以看作导言，介绍微观经济学中两个最核心的概念，机会成本和成本效益原则。第 1 章以后就是展开微观经济学的一些重要原理。第 1 章讲从产品设计中影响成本效益原则及其运用。第 2 章讲微观经济中最核心的供求定理。第 3 章讲收入与贡献之间的关系。第 4

章讲商品生产、定价与竞争。第 5 章讲公共资源。第 6 章讲产权明晰的重要性。第 7 章是信息经济学，以信息不对称理论为中心。第 8 章讲各国的文化与其他差异对经济行为的影响。第 9 章是行为经济学，即把心理学引入经济学来分析问题。第 10 章讲经济学对非正式的社交关系市场的影响，就是用经济学解释其他社会行为，包括爱情、婚姻，等等。最后的第 11 章与基本内容关系不大，是对学生的赞扬。看完本书你就知道，它包括了几乎所有微观经济学的内容，尤其是一些前沿内容，例如，行为经济学、信息经济学，等等。但作者论述的重点不是介绍这些内容本身，而是通过对各种现象的解释来让你理解看似简单的原理。

书中所用的许多例子来自美国，但这些现象在中国也同样存在，你读起来并不会感到陌生。当然中国有一些有自己特色的现象，但你读了各国文化及其他差异对经济行为影响的第 8 章就会理解这一切，同样会把经济学原理用于你身边。

从一本这样的书开始学习经济学也许谈不上有深度。如果立志于当专业经济学家，还要学习更高深的内容。但这本书有两个重要作用：对专业经济学者而言，它为你提供了丰富的案例，也加深了你对那些深奥原理的理解；对一般读者而言，你可以从这本书进入经济学殿堂，学会用经济学的方式去思考身边的事情，更理性地生活。无论是谁，都可以从这本书中获得收益。不信，你读一读就知道了。

前 言

The Economic Naturalist

最妙趣横生的经济学课堂

当我开始教经济学概论的时候，有位资深同事建议我，每堂课正式开始之前，不妨先讲个笑话。他解释说，这能带给学生们一个好心情，好让他们更容易接受后面的正课内容。可惜我一直没采纳他的建议。我倒不是觉得他的话有什么错，而只是觉得，每回都找出一个相关的笑话太难，可要是讲不相关的笑话，又显得有点低级趣味。

还好我挺幸运，偶然发现了一个很适合为本书拉开序幕的笑话。这个笑话发生在素以出租车司机知识渊博而著称的波士顿，那里的司机很多都是哈佛大学和麻省理工学院的辍学生：

一位女士在洛根机场下了飞机，抓着行李，饥肠辘辘地跳上了一辆出租车，想找一家好点儿的海鲜店。“带我去一个能吃到新鲜鱼片的地方。”①她告诉司机。

① 原句为：Take me to a place where I can get scrod.——译者注

司机扬起眉毛转过身，对女士说："我还是头一回听人用过去完成虚拟时态这么说。"

很少有人真正知道什么叫过去完成虚拟时态。我也不知道，或者这么说，我不知道自己知道。于是我在网上搜索了一下：

过去完成虚拟时态，用来表达假定情况或动作与现实相反。所以，主句中的动词要使用条件式，从句必须使用虚拟语气。

我再举个例子，纽约扬基队的球迷大概会很熟悉。20 世纪 90 年代末的一场比赛里，球队的二垒手查克·纳布拉克（Chuck Knoblauch）向一垒手提诺·马丁内兹（Tino Martinez）投短球，却莫名其妙地把球投飞了。用过去完成虚拟时态该这么说："要是纳布拉克一开始就投好那个球，扬基队早就赢了。"①

根据上述定义和例句来看，笑话中的女士根本没有使用什么过去完成虚拟时态。如果这个笑话成立，只能是因为我们大多数人根本就搞不清楚什么叫过去完成虚拟时态。

这有什么关系吗？心理学家曾提出过一个理论：除非明确地理解各种虚拟时态，否则，人们无法清晰地展开与事实相反的假设性思考。但这种看法经不起检验。比如，大多数美国体育播报员根本不知道过去完成虚拟时态（至少是不会选择用它），也能毫不费力地设想与事实相悖的情况。所以，在上述那场比赛里，扬基队的播报员博比·莫瑟尔（Bobby Murcer）是这么说的："纳布拉克投好那个球，他们就赢了。"②

① 原文为：The Yankees would have been out of the inning if Knoblauch had made the throw to first.——译者注

② 原文为：Knoblauch makes that throw, they're out of the inning.——译者注

了解过去完成虚拟时态并不是件坏事。可如果你的目标是学会说一门新语言，那么与其把时间和精力花在学习这一时态的精确细节上，还不如做点其他的。对学生来说，以学习这种细节为重点的课程一点都不好玩，而且这种课程效率低得可怕。

我高中学过 4 年西班牙语，大学上过 3 个学期德语课。在这些课程中，我花了很多时间学习导师觉得重要的各类语法，但没学怎么对话。我到西班牙和德国旅行，连跟别人沟通些基本想法都觉得艰难。不少朋友也有过类似的经历。

后来，我志愿参加和平队到尼泊尔，出发前的训练让我第一次意识到，学习语言还有一种更有效的方式。训练项目只有 13 周，跟我之前上的那些语言课完全不一样。它提都没提什么过去完成虚拟时态，它的任务是教会我们说尼泊尔语。要完成这一目标，掌握神秘的时态并不是必经之途，它采用的是模仿婴儿学说母语的方法。

一开始，讲师拿出一些简单的句子，让我们反复朗读。第一句是："这顶帽子贵。"在尼泊尔买东西，随时都要讨价还价，所以这是一个很有用的句子。第二步是换一个名词，比如袜子，我们必须用尼泊尔语做出反应："这双袜子贵。"这里的目标是让我们不假思索就能做出回答。

简而言之，讲师从常见语境中找一个简单的例子，让我们反复朗读几次，然后稍加变化，再反复朗读。等我们能在当前程度上进行对话时，他们再教更深的内容。

训练项目的职责是确保我们学完 13 周就能靠自己生活。志愿者同伴和我到尼泊尔后不久，就要教自然和数学。一切从零开始，我们居然办到了。

在整个过程中，我体会到了一种在传统语言学习班上从未曾感受过的主动感。

所以，我首先要感谢多年前我的尼泊尔语老师，是他们打开了我对学习效率问题的眼界，使我明白了何谓“教得少，学得多”。在后来的十多年里，学生们和我都发现，这一方法同样适用于学习经济学的核心概念。

在大多数经济学概论课上，学生们把大量时间用在了掌握经济学里面等同于过去完成虚拟时态一类的东西上。而读者在本书中碰到的经济学概念，都取材于日常生活经验。学习经济学和学说一门新语言一样，重要的是慢慢开始，看看每个概念在不同环境下如何应用。如果你发现这种学习方法，比你在大学经济学概论课上碰到的那种更管用，不妨脱帽向我的尼泊尔语老师致敬。

本书是很多杰出人士的智慧结晶。霍尔·贝曼、克里斯·弗兰克、海顿·弗兰克、斯瑞纳吉什·盖文内尼、汤姆·吉洛维奇、鲍勃·利比、艾伦·麦考李斯特、菲尔·米勒、迈克尔·奥海尔、丹尼斯·雷根、安迪·芮纳都曾对本书的初稿提过不少意见。感谢的话说再多也不够。在后来的修改稿中，还有很多人帮过忙。一些读者可能会注意到，本书不少例子都出现了我的级任教师乔治·艾克洛夫和前同事理查德·泰勒的名字。但若论知识债，我欠托马斯·谢灵最多，他是当代最伟大的博物经济学家。请允许我把本书献给他。

我还要感谢安德鲁·维利和威廉·费鲁特，没有他们的努力，本书恐怕到不了各位读者手中。此外，皮尤什·纳亚尔、伊丽莎白·塞瓦、玛丽亚·克里斯蒂娜·卡瓦纳格罗和马修·莱顿，为我提供了宝贵的研究协助，克里索纳·施密特的文稿复制工作也很出色。

能和米克·斯蒂文森合作是我的荣幸，他为本书不少例子绘制了插图。我这个人很少妒忌别人，可要说谁的事业比我的更有意思，估计就是他了。多年来，在课堂讨论时，只要有可能，我都会利用一些简笔画或其他插图对例子加以阐释。这么做的原因，认知理论学家或许可以给出解释——它能将概念更牢靠地植入学生的脑海，哪怕我的画很滑稽，也不包含特定的经济学内容。我鼓励学生们在碰到新概念时自己动手配图。“在笔记上涂鸦也可以！”我告诉他们。能把自己的想法告诉我最喜欢的《纽约客》杂志插画家，等上一两天就能看到成品，而且画得比我想像中要好得多，这是何其美妙的经历啊。

尤其要感谢的是，20 世纪 80 年代初，约翰·奈特学院在康奈尔大学开办“严谨写作”项目时把我招了进去。要不是参加过这次培训，我绝对想不出要布置什么博物经济学作业，自然更无从促成本书的诞生了。

但更重要的是，我想感谢学生们写的短文，是它们激发了本书的灵感。虽然，在最终定稿中，我只选取了他们提出的一小部分问题，可若非他们在上千篇短文中所倾注的心血，我是无法想出这些绝妙例子的。

本书所选定的大部分问题，都是直接得自学生们的短文。在这些问题上面，我附上了学生的名字。还有一部分问题，灵感来自其他经济学家所写的文章和书籍，我同样在问题上面附上了相关作者的姓名。至于没有附上作者名字的问题，大多引自我自己的文章，或是我在课堂上讨论的案例。

为了表示对从前学生们的感谢，我将把本书版税的一半捐给康奈尔大学约翰·奈特学院的“严谨写作”项目，我深深相信，要想让康奈尔大学未来的学生获得更好的学习体验，还是钱这东西最管用啊。

目　录

The Economic Naturalist

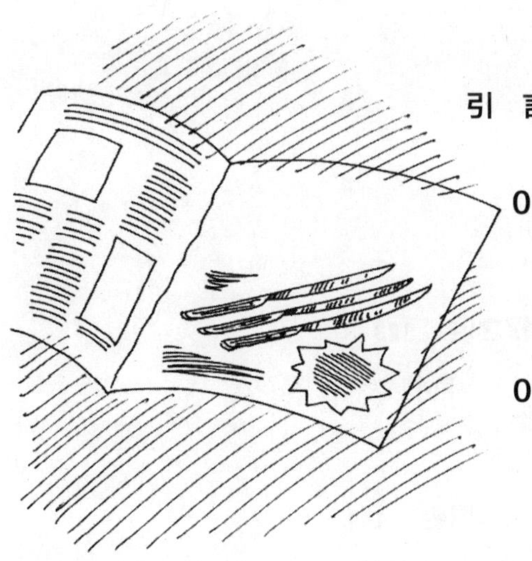

THE ECONOMIC NATURALIST

引 言

解开人类日常行为之谜

IN SEARCH OF EXPLANATIONS FOR EVERYDAY ENIGMAS

为什么高速路边取款机的小键盘上有点字盲文呢？使用这些机器的人大多都是司机，其中并无盲人。提这个问题的是我的学生比尔·托亚，根据他的说法，取款机制造商必须给普通的街头取款机装配带点字盲文的小键盘，因为所有机器都造成一个样子，成本更低廉。要不然的话，就要把两类机器分开，保证合适的机器安装到合适的地方。倘若点字盲文给看得见的用户造成了麻烦，那费这么大功夫也算物有所值，但问题是它们并不碍事。

我在自己的经济学概论课上布置了一篇书面作业：“**利用经济学原理，探讨你亲身观察到的事件或行为模式中的有趣问题。**”而学生托亚开头提的那个问题，正是他交给我的作业。我在课堂上说：“文章字数有限制，500字以内。很多出色的论文比这还要短得多。文章里面不要掺杂复杂的术语。要假设你是在给一个从没上过经济学课的亲戚讲故事。最好的论文普通人一看就明白了，而且一般都不用什么公式和图表。”

Drawing by Mick Stevens.

高速路边取款机键盘上的点字盲文。

跟比尔·托亚有关取款机键盘的问题一样，最好的论文总包含着一个似是而非的问题。比如，我最喜欢的一个问题是 1977 年由詹妮弗·杜尔斯基提出的：“为什么新娘通常花数千美元买一套她们永不再穿的婚纱，可新郎却往往租用便宜的礼服——哪怕以后有很多场合都可能会用得上它？”

杜尔斯基认为，这是因为大多数新娘在婚礼那天都希望显得漂亮又时尚，所以租赁公司必须储备大量与众不同的婚纱——每种尺码四五十种。每套婚纱租赁的次数很少，可能每隔四五年才租得出去一次。因此，为了弥补开支，公司收取的租赁费比直接买一套还要贵。既然买更便宜，也就没有人会租。反过来说，由于新郎安于规矩的样子，租赁公司只需要每款型号准备一两套礼服就行了。所以，每套礼服每年都能租出去好几次，租比买要便宜得多。

本书收录了多个最有趣的例子，都是我历年来的珍藏。我把它献给那些像比尔·托亚和詹妮弗·杜尔斯基一类乐于解开人类日常行为之谜的读者。

虽说很多人以为经济学不可思议、难以理解，可它的基本原理简单又实际。根据具体事例理解这些原理，谁都能毫不费力地掌握它。

不幸的是，大学里并不这么教经济学。我在康奈尔大学执教后不久，几个身在不同城市的朋友不约而同地给我发来了埃德·阿诺（Ed Arno）的这幅漫画：

很高兴向你介绍刺儿头先生。他是个经济学家，可人真的很好。

机会成本概念

漫画就是事实。如果人们觉得它有意思，那准是因为它说出了一些真相。早在阿诺的漫画流传开来之前，我就注意到，每当在社交场合人们问起我的职业，我回答自己是经济学家时，他们总会有点失望。我不禁追问为什么。不少人会提起多年前上过的经济学概论课，“全都是那些可怕的图表。”

19% 的美国大学生只上过一门经济学课程，21% 的人上过一门以上，只有 2% 的人主修经济学。具有经济学博士头衔的人基本上可以忽略不计。可那些充斥着公式和图表的可怕的经济学概论课，不少都要归功于这些可以忽略不计的极少数人。

结果，大多数上这些课的学生没学到什么知识。上课 6 个月之后，学生们参加基本经济学知识测试，他们的表现比从没上过概论课的学生好不了多少。真是丢脸啊！一门收了几千块钱学费的课程，居然没创造任何价值，这说得过去吗？

学生们似乎连最基本的经济学原理都没弄懂。如果你上过经济学课程，至少听说过“机会成本”这个词吧。**从事一项活动的机会成本，是指你为了从事这件事而放弃的其他事情的价值。**

假设你赢得了一张美国大歌星埃里克·克莱普顿（Eric Clapton）今晚演唱会的免费门票。注意，你不能转售。可另一位美国大歌星鲍勃·迪伦（Bob Dylan）今晚也在开演唱会，你也很想去。迪伦的演唱会票价为 40 美元。当然，你别的时候去看他的演出也行，但你的心理承受价格是 50 美元。换言之，要是迪伦的票价高过 50 美元，你就情愿不看了，哪怕你没别的事要做。除此之外，看两人的演出并无其他成本。试问，你去看克莱普顿演唱会的机会成本是多少？

The Economic Naturalist

去看克莱普顿的演唱会，唯一必须牺牲的事情就是去看迪伦的演唱会。不去看迪伦的演唱会，你会错失对你来说价值 50 美元的表演，但同时，你也省下了买迪伦演唱会门票所需支付的 40 美元。所以，不去看迪伦演唱会，

你放弃的价值是 50 – 40 = 10（美元）。如果你觉得看克莱普顿的演唱会至少值 10 美元，那你就应该去看；要不然，就去看迪伦的演唱会。

按一般的看法，机会成本是经济学概论课上要介绍的两大（或三大）重要概念之一。但根据我们现在手边的可靠证据，不管从哪一个角度来看，大多数学生都没有掌握这个概念。最近，经济学家保罗 · 费雷罗（Paul Ferraro）和劳拉 · 泰勒（Laura Taylor）向几组学生提出了上述克莱普顿 - 迪伦问题，看看他们能否做出正确回答。他们出的是选择题，只有 4 个答案：

a. 0 美元
b. 10 美元
c. 40 美元
d. 50 美元

如前所述，正确的答案是 10 美元，也就是你不去看迪伦演唱会所牺牲的价值。可是，费雷罗和泰勒向 270 名最近上了经济学课程的大学生提出了这个问题，只有 7.4% 的人选择了正确答案。因为只有 4 个选项，哪怕学生们是随机选择，正确率也该有 25%。看起来，同学们似乎觉得掌握这些知识很丢脸。

之后，费雷罗和泰勒又向 88 名从没上过经济学课程的学生提出了同一个问题，这回的正确率是 17.2%——比上过经济学课程的学生高两倍，但仍比随机选择的正确率要低。

为什么上过经济学课程的学生没能表现更佳呢？窃以为，主要原因是，在典型的概论课上，教授会给学生们灌输几百个概念，机会成本只是其中之一，而且模模糊糊，一笔带过。倘若学生没花足够的时间在上面，没在不同的例子里反复演练，也就无法真正理解它。

但费雷罗和泰勒提出了另一种可能性：教经济学的讲师自己也没掌握机会成本的基本概念。2005 年美国经济学协会开年会的时候，他俩向 199 名专业经济学家提出了同一个问题，只有 21.6% 的人选择了正确答案，25.1% 的人认为去看克莱普顿演唱会的机会成本是 0，25.6% 认为是 40 美元，还有 27.6% 认为是 50 美元。

费雷罗和泰勒核查了经济学概论最主要的教科书，他们发现，大多数教科书对机会成本并未给予足够的重视，来帮助学生解答克莱普顿 - 迪伦问题。他们还注意到，比概论程度更深的教科书也未曾耐心、深入地介绍这个概念。在大学微观经济学的首选课本当中，索引里都找不到“机会成本”这个词。

然而，机会成本有助于解释一大堆有趣的行为模式。举个例子：众所周知，美国沿海大城市和中西部小城市之间存在着巨大的文化差异。为什么曼哈顿的居民大多粗鲁没耐性，而堪萨斯首府托皮卡的居民却友善而谦恭呢？

当然，你或许不同意这一前提，但大多数人好像觉得它还算是个中性的描述句。如果你在托皮卡问路，人们会停下来帮你，可在曼哈顿，他们可能看都不看你一眼。因为在这个地球上，曼哈顿人的工资水平最高，要做的事情最多，时间的机会成本很高。所以，他们急躁一点儿是理所当然的。

我要求学生们写“博物经济学”作业，灵感得自生物学概论课上老师要学生们回答的那些问题。如果你了解一丁点儿进化论，就会发现很多以前从没注意到的事情。利用这一理论，我们可以识别和思考构建这个世界的基本结构和模式。

比如，有个标准的达尔文式问题：为什么大多数脊椎动物的雄性都比雌性大？比如雄海象有 6 米长，3 吨多重（相当于一辆林肯 SUV 了），而雌海象却只有 360~540 千克重。在大多数脊椎动物身上都可观察到类似的两性差异。按进化论来解释，大多数脊椎动物都是一夫多妻制（也就是说，只要雄性能力足够强，就可以占有多个雌性伴侣），因此雄性必须以竞争的方式才能获得雌性。雄海象有时候会在海滩上搏斗数个小时，直到其中一方筋疲力尽，满身是血地退出。

Photo by Stan Russell.

为什么雄海象比雌海象的个头大那么多?

唯有战斗的胜利者才能享有临幸上百只雌海象的权力。这是进化成优等品的一种奖赏，同时也解释了为什么雄海象会大得多。在跟其他雄海象的争斗中，具有大块头突变基因的海象更容易获胜，于是下一代海象出现这种基因的概率会更高。简而言之，雄性这么大的原因在于，个头小的雄性很少有机会接近雌性。

雄孔雀有能开屏的漂亮大尾巴，原因也差不多。实验证明，雌孔雀喜欢有着较长尾羽的雄孔雀，因为，尾羽长象征着身体健康，而受寄生虫折磨的雄孔雀长不出光鲜好看的大尾巴。

可对大块头雄海象和有着漂亮尾巴的雄孔雀来说，个体优势却成了群体的劣势。比如，一头 3 吨重的海象，碰到天敌大白鲨时很难逃得掉。要是所有雄海象体重都能减轻一半，境况会好很多。这样一来，雄海象彼此之间打斗的结果还跟以前一样，而碰到大白鲨时又更容易脱身。同样的道理，如果所有雄孔雀的尾羽全都减短一半，一方面，雌孔雀的选择仍跟以前一样，另一方面，碰到天敌时又更容易逃脱。可惜雄海象坚持庞大体格，雄孔雀也不肯放弃自己长长的尾羽。

当然，进化竞争并不会无限制地发展下去。到了某个程度之后，体格较大或尾羽较长的内在弱点，会逐渐超过较易接触雌性的优点。这种成本与收益的平衡，会反映在幸存下来的雄性身上。

生物学家的叙述很有趣。它条理分明，看似正确。按这样的说法，假设你看到了单一配偶的物种，即雄性和雌性终身相伴，你就不会发现两性差异。这便是"证明"这个词的古老含义——有规律，就有例外，而"**有例外，才能证明规律的存在**"。例外验证了规律。一夫多妻制令我们得出了雄性体格大的结论。而对于那些不采用一夫多妻制的动物，雄性并不比雌性大。例如，信天翁是单一配偶，根据理论，雄性和雌性个头应该差不多大，事实也的确如此。

Photo by David Levine.

有例外，才能证明规律的存在：单一配偶制的信天翁，雄性和雌性的体格差不多大。

生物学家有关两性差异的描述是站得住脚的。很容易记住，也方便对他人转述。如果你能讲述这一类的故事，理解它们的内在原因，你对生物学的认识也就比死记硬背鸟儿所属鸟纲上了一大级台阶。根据经济学原理，做出叙述性解释，道理也是一样。

大多数经济学概论课都不重视叙述，相反，它们把学生淹没在公式和图表里。数学是经济学知识发展进步的一项重要源泉，但对这堂课的入门者来说，并不见得是有效载体。除了工程系的学生，以及少数在数学上受过深入训练的学生，大多数试图通过公式和图表来学习经济学的学生，绝不可能真正掌握"像经济学家一样思考"的著名思维方式。他们把大量精力都花在了理解数学细节上，却忽视了藏在经济学概念背后的常识。

人的大脑是极端灵活的，有能力吸收无数种不同形式的新信息。但大多数脑袋吸收信息，都会存在一种较为轻松的方式。一般而言，学生处理公式和图表都很吃力。**但由于人类这个物种在进化过程中变得擅于讲故事，几乎每个人都能轻轻松松地吸收以叙述形式表达的相应信息。**

这一点是我在 20 多年前参加康奈尔大学的跨学科写作项目时偶然意识到的。研究表明，学习的最好方式之一就是把它写下来。叙述性学习理论的两位倡议者沃尔特 · 多尔（Walter Doyle）和凯西 · 卡特（Kathy Carter）曾指出："究其核心，叙述性学习观点认为，人类有一种'故事化'个人经历的共同倾向，也就是说，以叙述的方式阐释信息和经历。"另一叙述性学习理论家、心理学家杰罗姆 · 布鲁诺（Jerome Bruner）发现："儿童会把事情编成故事，当他们尝试理解生活，会利用故事化的视角看待个人经历，以此作为进一步思考的基础……如果他们不能以一种叙述性结构理解事情，就记不牢靠，以后也不能随时拿出来细细琢磨。"

一句话，吸收叙述性信息似乎是人类大脑的专长，我的博物经济学书面作业正是直接针对这一优势。它要求学生的论文标题提出一个问题。我发现，向学生强调要尽量列举最有趣的问题，这是很管用的。原因有三：

- 第一，要找到一个有趣的问题，他们一般必须先考虑若干备选问题，这本身就是一项有用的锻炼；
- 第二，提出有趣问题的学生会对作业产生更浓厚的兴趣，并投入更多精力；
- 第三，提出有趣问题的学生更乐意对他人讲述。

如果你不能把概念拿出教室应用它，就不算真正理解了它。可一旦你能自己用它，它就永远属于你了。

成本效益原则

成本效益原则是所有经济学概念的源头。它提出，唯有当行动所带来的额外效益大于额外成本时，你才应该这么做。多简单的概念啊，不是吗？可要活学活用起来，也不是那么容易的。

你想在隔壁的校内杂货店买一个闹钟，价值 20 美元。有个朋友告诉你，同样的闹钟在城里的凯马特超市只卖 10 美元。你会进城买这个 10 美元的闹钟吗？还是直接在隔壁的杂货店买？不管你到哪里买，如果闹钟出了故障，都由制造商保修。

The Economic Naturalist

当然，这里并没有绝对正确或错误的答案。每个人都必须权衡相关成本和收益。可当我们问别人在这种情况下怎么做的时候，大多数人都选择去凯马特超市买闹钟。

现在再看看下一个问题。

你想在隔壁的校内杂货店买一台笔记本电脑，价值 2 510 美元。同样的电脑，在城里的凯马特超市卖 2 500 美元。不管你在哪儿买，出了问题都退回原厂保修。你会在哪儿买这台电脑呢？

The Economic Naturalist

这一回，大多数人说他们会在学校里买。就问题本身而言，这样回答并不算错。但如果我们问一个理性的人在这两种情况下应该怎么做，他会说，成本效益原则清楚地表明，两次的回答应当一样。毕竟，在两个例子当中，你进城去的效益都是 10 美元，也就是你省下来的钱。成本是你为了进城所付的代价。在两例当中，这也是一样的。既然成本一样，效益一样，那么答案自然也该一样才对。

然而，大多数人似乎认为，去城里买闹钟，能省 50% 的钱，而买台 2 510 美元的电脑，只能省 10 美元，前者的效益似乎比后者要大得多。可惜这不是正确的思考方式。按百分比来想问题，放在其他地方或许合适，但在这儿不行。

所以，你显然应当权衡成本和收益。看看成本效益原则如何在不寻常的例子里发挥作用，能让你讲出有趣的故事来。向朋友提出这些问题，看看他们会怎么做。这一类的对话，能加深你对成本效益原则的理解和认识。

向学生们举出这些说明了一条普遍原理的例子之后，我会立刻给他们出一道习题，要求他们自己应用原理。讲罢闹钟和电脑的例子，我对他们提出了如下问题。

你马上要出两趟差，但只有一次用机票打折卡的机会。去芝加哥的机票是 200 美元，打折后能省 90 美元；去东京的机票 2 000 美元，打折后省 100 美元。你该在哪趟旅行中使用机票打折卡？

The Economic Naturalist

这一回，几乎每个人都做出了正确回答，该在去东京时用，这样能省 100 美元，比去芝加哥省 90 美元划算。但每个人都回答正确，并不意味着这是个不值得问的问题。还是那句话，如果你的目标是让核心概念成为自身应用知识的一部分，唯一的办法就是反复实践。

本书所选的问题，不光是因为有趣，还因为它们活学活用了基础经济学里的重要原理。我希望你会觉得，通过本书学习这些原理，既有意思，又轻松。再加上这些问题有趣且答案简短，能为各位读者聊天时提供不少助兴的谈资。

我告诉学生，他们对问题的回答应当作为有待进一步推敲验证的合理假设。它们并不意味着最终定论。我和本 · 伯南克（Ben Bernanke）正打算把比尔 · 托亚关于高速公路取款机上为什么会有点字盲文的例子收入我们的经济学概论教科书，就有人气急败坏地给我发来一封电子邮件，说这事儿的真正原因是美国《残疾人法案》规定必须这么做。他发给我一个网页链接，证明自己的说法。果不其然，的确有法律规定，所有取款机的键盘上都要有点字盲文，高速公路旁的也不例外。在一些极少见的情况下，比如一位盲人坐着出租车来到这种取款机旁，而且不想把卡号密码透露给司机，点字盲文就能派上用场。

我给这位来信者回信说，我早就告诉学生，他们的答案不一定正确。但我又劝他再想一想，在什么样的情况下，法令能被人们所采用呢？如果在高速公路取款机的键盘上设计点字盲文成本极高，这种法令能颁布吗？当然不会。事实上，在键盘上增加点字盲文几乎没什么成本。既然它没害处，说不定偶尔还有用处，立法者才觉得，做出这样的规定有利无害，这样，等到了年底，他们才好说，今年做了些好事。在本例当中，托亚先生的解释似乎比那位愤怒的来信者更有道理一些。不过，在其他案例中，肯定有人能提出更好或者更完善的答案。

所以，读到答案部分，不妨带着挑刺儿的眼光。说不定你掌握着相关的知识，能对其加以补充改进。比如，有位婚纱店的老板就告诉我，新娘宁愿买而不是租婚纱还有另一个原因：婚纱大多是半成品，穿之前需要大量调整，而用于出租的婚纱经不起这么反复折腾。这个看法有一定道理，但跟詹妮弗·杜尔斯基解释中提出的核心经济学概念并无冲突。

THE ECONOMIC NATURALIST

01 产品设计中的经济学

IN SEARCH OF EXPLANATIONS FOR EVERYDAY ENIGMAS

- 为什么打开冰箱时，冷藏室会亮，冷冻室却不会亮？
- 为什么笔记本电脑能在任何国家的供电标准下运作，其他大部分电器却不能？
- 为什么 24 小时营业的便利店门上要安锁？
- 为什么牛奶装在方盒子里卖，可乐却装在圆瓶子里卖？
- 为什么有些车的加油孔在司机一侧，有些车却在副驾驶一侧？
- 为什么硬币上的人像都是侧面像，纸币上的人像却是正面像？
- 为什么女装的扣子在左边，男装的扣子却总在右边？

为什么不同的产品有着不同的形状呢？对此问题，若不稍微考虑成本效益原则，再聪明的回答也算不得圆满。比如高速公路旁取款机按键上的点字盲文，比尔·托亚对此的解释即是建立在该原则之上的。生产商留下了高速路取款机上的点字盲文，是因为生产两种不同取款机的成本，远远大于合理的预期收益。

一般而言，生产商并没有什么动力给产品增加新功能，除非这种功能所带来的产品价值（也就是收益）大于成本。几乎所有的实例都表明，**产品设计既要包含最符合消费者心意的功能，又要满足卖方保持低价、便于竞争的需求。这也就是说，产品设计必须在两者之间实现平衡。**

汽车功能的演进精妙地阐述了这一平衡关系。1961 年春天，我买了自己的第一辆车，当时我还是个高中生。最吸引我眼球的二手汽车广告大致如下："1955 年产双门庞蒂克，V8 发动机，带收音机、加热器，手动变速，售价 375 美元，可议价。"当然，如今所有的车都带加热器，可在 1955 年，它还只是个选配件。当年我住在南佛罗里达州，那儿卖的很多车都没有加热器。可是，在冬天最冷的那几天，有个加热器还是挺舒服的。那时人们的收入比现在低得多，不少买家宁愿放弃一时的享受，以换取更低的价格。要是制造商只卖带加热器的车型，恐怕会被卖不带加热器的便宜车型的对手抢走不少生意。

然而，随着收入的提高，愿意冬天忍受严寒来省几个钱的消费者逐渐减少。等不带加热器车型的需求量降到某个限度以下，经销商也就不愿再把它们留在展厅了。当然，要是有人愿意出高价定制，经销商也可以卖给他们不带加热器的车型。可显而易见的是，没人会出高价故意不要加热器。最终，不带加热器的车型消失了。

在 1955 年，庞蒂克的 V8 是买家通常的选择，因为如果不买 V8，就只能选 V6。V8 的好处（也即收益）是它提速比 V6 快得多。它的成本除去售价较高，就是耗油量较大，但那些日子油价还很便宜。

到了 20 世纪 70 年代，阿拉伯人搞起了石油禁运。1973 年年中，1 加仑[①]汽油才卖 38 美分，一年后就涨到了 52 美分。1979 年第二次石油危机爆发，第二年油价涨到了 1.19 美元。由于油价暴涨，V8 再也通不过成本效益测试了，于是不少消费者决定放弃它优越的提速性，所以这种发动机差不多全都消失了。V6 还算常见，可 70 年代以前美国很少见的 V4 迅速走入了市场。

然而，到了 20 世纪 80 年代初，从绝对价格来看，油价保持平稳，与其他商品的价格相比，甚至还稍有下跌。到 1999 年，1 加仑汽油的价格是 1.4 美元，从购买力来看，比 1973 年 0.38 美元的价格还要低（也就是说，1999 年 1.4 美元能买到的商品和服务，比 1973 年 0.38 美元能买到的要少）。这样

① 1 加仑 = 3.785 升。——译者注

一来，20 世纪 90 年代发动机规格再度变动，也就不足为奇了。

随着近年来油价攀升，20 世纪 70 年代的趋势又重演了。比如，早在 2005 年油价突破 3 美元之前，福特汽车公司就减产了旗下最大的 SUV 车型 Excursion，该车重达 3 400 公斤，16 公里就耗油 1 加仑。而节能的混合动力车大受欢迎，经销商的售价甚至比标价还高。

简而言之，**产品设计的功能要符合成本效益原则**。该原则认为，当且仅当收益不低于成本时，才应采取行动。因此，只有收益（以愿意支付额外费用的消费者数量来衡量）不低于成本（以增加某一功能所能吸引的额外消费者数量来衡量）的时候，才应当增设某一产品功能。

这一原则同样体现在汽车变速箱的演变当中。我那辆 1955 年产的庞蒂克采用的是当时最标准的 3 挡变速箱，现在我开的车早就用上了 6 挡变速箱。但在 1955 年，制造商制造 6 挡变速箱并非难事。为什么他们不这么做呢?

制造商同样必须权衡产品增益与消费者买账的意愿。从成本方面来看，变速箱每多一个前进挡，制造成本亦相应增加，前进挡越多，整车售价自然越高。消费者愿意出高价吗? 从收益方面来看，前进挡能带来更好的加速性，而且更省油。所以，答案取决于有多少消费者愿意为了这些优点埋单。

汽车变速箱至少应该有两个，甚至三个前进挡，才称得上实用。所以从产品设计的角度来看，我那辆 1955 年产庞蒂克的 3 挡变速箱，显然只达到了最低限度。因为如今的经济比 1955 年更繁荣，所以，我们愿意为了提高加速性支付更多的钱。又因为更多前进挡省下的油钱比以前多了很多，所以它们的魅力也就更大了。这些变化合在一起，解释了 3 挡变速箱的消失。

本章讨论的例子将说明，不仅汽车设计的演变受制于成本效益原则，其他各种产品和服务也都可套用它来进行解释。头三个例子阐明了这样一个道理：如果某项功能的确有用，但用得着它的时候很少，那这项功能添加到产品身上的可能性就不大。

卡里姆·阿伯达拉

为什么打开冰箱时，冷藏室会亮，冷冻室却不会亮？

要回答这个问题，经济学家必然会对比相关成本与效益。不管是在冷冻室还是在冷藏室，安一盏打开门就会自动亮的灯，成本差不多都是一样的。这也就是经济学家所谓的“固定成本”，在这里指的是，它不随你开关冰箱门次数的多寡而发生变化。从收益方面来看，冰箱里有一盏灯，你找东西更方便。由于大多数人打开冷藏室的次数比打开冷冻室的次数要多得多，因此显然，在冷藏室安装一盏灯的好处更大。所以，既然加装一盏灯的成本相同，那么，根据成本效益原则，在冷藏室安灯就比在冷冻室安灯更划算。

当然，并不是所有消费者都认为在冷冻室安装一盏灯不划算。大体上，若从什么人愿意为这类功能的好处埋单来衡量，一个人收入越高，就越有可能愿意为附加的功能埋单。所以，成本效益原则告诉我们，为了享受冷冻室有灯所带来的便利性，收入超高的消费者可能越愿意多花钱。果然如此。高档冰箱生产商 Sub-Zero 生产的 Pro 48 冰箱，不仅在冷冻室安了灯，甚至连每一层单独的冰格里都安了灯。这种冰箱的售价是多少？ 14 450 美元。所以说，Sub-Zero 的 Pro 48 冰箱，乃是证明成本效益原则的又一例外。

明苏·贝

为什么笔记本电脑能在任何国家的供电标准下运作，其他大部分电器却不能？

目前，美国电力系统提供的家用电是110伏，还有不少国家为220伏。笔记本电脑的电源线内置变压器，使得电脑可以在两种标准下正常运行。相反，电视和电冰箱则只能在一种标准下运转。要想在法国用美国冰箱，你必须要单独买一个变压器，把法国220伏的电压转换成110伏。同样，在美国用韩国电视，也只能单独买一个变压器，把美国110伏的电压转换成220伏的。为什么这些家用电器不能像笔记本电脑一样到处通用呢?

传送220伏的电比110伏要稍微便宜一些，同时也稍微危险一点。到底采用哪套输电系统，大多数国家都曾进行过相当广泛的论证，而一旦作出决策，国家就会向选中的系统投入大量资金。因此，指望各国改用统一的供电标准，在近期内是不现实的。所以，带着电器跨国旅行的人，需要找些办法来保证这些电器能在不同的供电标准下使用。

给所有电器内置变压器无疑能满足这一需求，但这么做会增加电器的制造成本。绝大多数冰箱、洗衣机、电视以及其他电器恐怕不会有出国旅行的机会，所以给它们加装内置变压器的额外支出，也就没什么道理。

笔记本电脑却是个例外，尤其是在它刚诞生的那段时间。当时购买笔记本电脑的人，大多是需要带着它们到处出差的商务人士。对这些人来说，在国际航班上带着沉重的变压器实在是一种无法接受的负担，所以笔记本电脑生产商从一开始就在电脑里内置了变压器。

利昂纳·贝克、艾伯尼·约翰森

为什么 24 小时营业的便利店门上要安锁?

不少便利店全年无休，全天营业。既然它们从来不关门，为什么还要费事在门上安锁呢?

当然，总会出现这样那样的紧急情况，迫使便利店暂时关门。比如，卡特里娜飓风过后，新奥尔良的居民被迫在全无准备的状况下疏散。显然，要是便利店里既没员工又没锁门，肯定会变成抢劫者的上好猎物。

即便除掉这些有可能关门的紧急情况，便利店购买不带锁的门也说不上能有什么好处。

绝大多数工业门[①]都是卖给无须 24 小时营业的地方的，而这些地方显然都有理由希望门上有锁。所以，既然大多数工业门卖的时候就带锁，那么所有的门都按同一模式制造肯定更便宜。这个道理跟所有取款机（哪怕是安装在高速路边的取款机）的键盘上都带点字盲文是一样的。

下面两个例子表明，有时候，**产品设计的细节，似乎还与几何学原理有一定的关系。**

为什么牛奶装在方盒子里卖，可乐却装在圆瓶子里卖?

几乎所有软饮料的包装瓶，不管是玻璃瓶还是铝罐子，都是圆柱形的，

① 工业化大批量生产的门。——译者注

但牛奶盒子却似乎都是方的。方形容器能比圆柱形容器更经济地利用货架空间。那么，为什么软饮料生产商坚持使用圆柱形容器呢?

原因之一可能是，软饮料大多是直接就着容器喝的，所以，由于圆柱形容器更称手，抵消了它所带来的额外存储成本。而牛奶却不是这样，人们大多不会直接就着盒子喝牛奶。

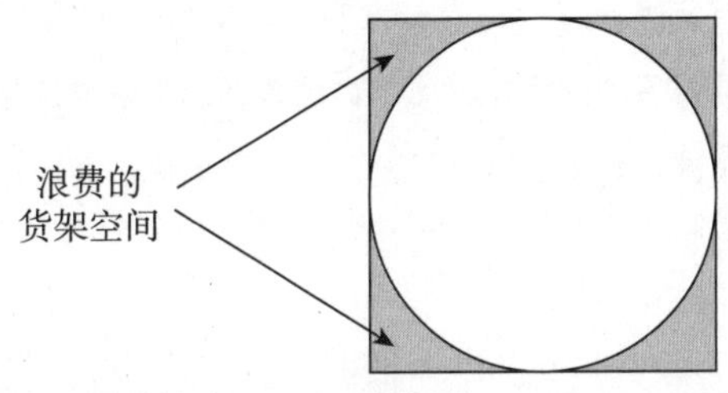

如果牛奶容器是圆柱形的，我们就需要更大的冰箱。

可就算大多数人直接就着盒子喝牛奶，成本效益原则亦显示，它们也不大可能装在圆柱形容器里贩卖。不错，方形容器（不管容器里装什么东西）的确能节约货架空间，但牛奶盒子节约的空间，显然比软饮料瓶子来得更划算。这是因为，超市里大多数软饮料都是放在开放式货架上的，这种架子便宜，平常也不存在运营成本。但牛奶则需专门放在冰柜里，冰柜很贵，运营成本也高。所以，冰柜里的存储空间相当宝贵，从而提高了用方形容器装牛奶的效益。

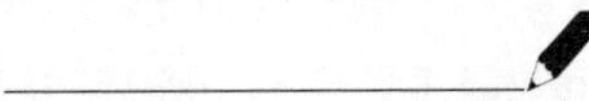

查尔斯·罗丁

铝制易拉罐的生产成本本来可以更低，可为什么人们不那么做?

铝制易拉罐就是用来装饮料的。在全世界大部分地区销售的12盎司[①]铝制易拉罐都是圆柱形的，高度（高 12 厘米）约等于宽度（直径 6.5 厘米）的两倍。如果把这种易拉罐造得矮一点、胖一点，能少用许多铝材。比如，高 7.8 厘米、直径 7.6 厘米的圆柱铝罐，与现在的标准易拉罐容量相同，但能少用近 30% 的铝材。既然矮一点的易拉罐造价更低，为什么人们至今仍使用标准易拉罐呢？

可能的解释之一是，消费者会受到横竖错觉的误导。所谓横竖错觉，是心理学上一种著名的视错觉。比如，请看下图中的横条与竖条，哪个更长呢？大部分人都会自信满满地说是竖条长。但你只要量一下就知道，横竖条其实一样长。

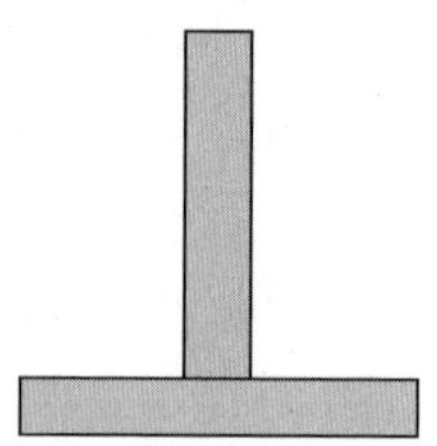

横竖错觉：看起来似乎是竖条长，实际上却不是。

由于存在这种错觉，消费者可能不愿意买矮胖易拉罐装的软饮料，觉得它容量小。可这个解释似乎暗示竞争对手放弃了轻松的获利机会。也就是说，如果只有视错觉这一个原因使得消费者不愿意购买矮胖易拉罐，那么竞争对手完全可以提供这种易拉罐，并明确指出这种容器的容量和传统易拉罐完全一样。既然矮胖易拉罐的生产成本更便宜，卖这种易拉罐的饮料厂商就能比传统厂商提供稍低的价格，同时抵补其成本。所以，要是只有视错觉这一个问题，必然会出现可为竞争对手所利用的轻松获利的机会。

① 1 盎司约等于 28.35 克。——译者注

要是易拉罐矮一点、胖一点，能省下不少铝材。

还有一种可能的解释是，购买软饮料的顾客更中意细长易拉罐的样子。即便他们知道矮胖易拉罐的容量与之相同，还是宁愿多出点钱买细长的，道理跟他们愿意多出钱住景色好点的酒店房间一样。

产品设计功能有时还反映出厂商的深思熟虑：不同的功能对用户行为有着什么样的影响。举个例子，假设有人不想吃超速罚单，他兴许会愿意多花钱买一辆带超速警示功能的汽车。下面的两个例子说明，**制造商对某一设计功能的战略决策，即此功能对产品的使用将产生什么样的影响，会反映在产品身上。**

布伦达·奎格利

为什么自动贩卖机卖报纸的时候，允许顾客付一份钱拿若干份报，卖饮料的时候却不是这样？

如果你往一台饮料自动贩卖机里投入 4 块钱硬币，并按下可乐键，一听可乐就从出口滚了出来。如果你还想买一听，就得再投 4 块钱硬币。与此相比，如果你往一台报纸自动贩卖机里投 4 块钱，机器的前舱打开，你可以轻而易举地把当天的《纽约时报》整叠拿走。当然，照规矩你只应该拿一份，大多数顾客也并不贪图这点小便宜。可为什么报纸贩卖机的安全性如此之低呢？

机器的安全性低带来的最明显好处是：造价便宜。用不着一次只吐一份报的复杂机械装置。硬币落在一套简单的机械杠杆上，杠杆受压，松开贩卖机前舱的锁扣，打开舱门；等关上舱门，一切便恢复初始状态。要是按照这种方式制造，饮料贩卖机的造价也会便宜得多。那么，为什么两种贩卖机存在这样的设计差异呢？道理只可能藏在收益方面。

两种产品的关键区别在于，不诚实的顾客多拿饮料能给他带来好处，可多拿几份报纸却没什么用处。拿十份同样的报纸并不比只拿一份多出什么收益来。

帕迪·于

为什么有些车的加油孔在司机一侧，有些车却在副驾驶一侧？

租车开最叫人灰心丧气的一个体验是，像开自家汽车那样把车停在油泵前，却发现油箱位置在车身另一侧，油枪够不着。其实，汽车制造商只需要把加油孔统一设在汽车某一侧，就能解决这个难题。可为什么他们不这么做呢？

在美国和其他车辆靠右行驶的国家，过街时右转比左转容易。所以，大多数司机通常会到能右转进站的加油站加油。假设油箱总设在汽车的司机一侧，那么，为了加油，驾驶员必须将车停在油泵的右侧。这样一来，在交通高峰期，所有向右的油泵就会挤满车，而大多数朝左的油泵却没人用。

所以，不同车型的加油孔设在不同侧面，意味着有些车能从左边加油。于是司机就不用排队等着加油了。这种好处（收益），显然比给租来的车加油时偶然停错了方向所带来的成本大得多。

要是加油孔都在司机一侧，加油站肯定会排起长长的车队。

在有些情况下，**产品设计不仅要符合产品可能的使用方式，产品希望向用户传达什么样的信息，也会对它有影响。**下面两个例子说明，采用某一种形式所传达的信息，更容易为人们所接受，或者其造价更为低廉。

安德烈·切诺瓦诺夫

为什么曼哈顿所有的出租车都是黄色轿车，而伊萨卡的出租车大多数是色彩各异的小货车？

从曼哈顿帝国大厦楼顶俯视34号大街，你或许会好奇，为什么街上70%的车都是明黄色的轿车。除去极少的几辆路特斯或者兰博基尼，这些黄色轿车基本上全是出租车，多为福特产的维多利亚皇冠。可在纽约北部不远的一座小型大学城伊萨卡，出租车没一辆是黄色的，而且几乎清一色都是迷你货车。为什么会存在这一差异呢？

在曼哈顿，虽说打电话叫出租车的情况也有，但更常见的情况是，在出租车驶过身边的时候招手叫停。因此，出租车颜色越抢眼越有利。研究表明，为了实现这一目的，明黄色最合适。人们曾经以为红色是最显眼的颜色，所以消防车至今仍刷成红色，但也有不少消防队现在开始把救火车改刷成了黄色。

在曼哈顿，出租车一般只载一名乘客，载四名以上的乘客并不会给出租车司机带来什么好处。因此，出租车司机发现轿车更有吸引力，因为它们比小货车便宜，而且能轻易满足大多数需求。

但伊萨卡的出租车需求模式完全不同。在曼哈顿养车是很贵的，光是停车，一个月就得花500多美元；可在伊萨卡，养车便宜得多，所以大多数人都有车。既然伊萨卡依赖出租车的人相对较少，出租车满街跑也就不经济了。人们主要是通过电话叫出租车。这样一来，伊萨卡的出租车司机也就没必要把车刷成黄色。

有人或许会提出反对意见，认为纽约的出租车是黄色，原因在于，政府规定街上载客的出租车必须是这种颜色。此话不假。有人曾气急败坏地对取款机键盘上点字盲文的解释表示反对，说高速路边取款机键盘上有点字盲文也是因为政府有规定。两种意见何其相似啊。出租车行业出现丑闻后，政府管理者对车辆颜色进行了规定，其目的在于为乘客提供一种便捷的方式，识别出有合法营运许可的出租车。他们选中黄色，是因为黄色是当时出租车的主流色调。为什么在政府做出规定之前，大多数出租车就是黄色呢？黄色显眼这个假设大体上说得通。

伊萨卡的出租车司机偏爱小型货车，是因为那儿的乘客一般都是结伴出行。学生和其他在当地没车的人，收入往往偏低，分担车资对他们来说更为经济。比如，在纽约机场揽客的出租车，一般只需载一名乘客进城；可在伊萨卡机场揽客的出租车，大多会载六名以上乘客。

安德鲁·拉克

为什么硬币上的人像都是侧面像，纸币上的人像却是正面像？

看看口袋里的零钱，你会发现，出现在硬币上的前总统头像都是侧面像，分币上的林肯、杰斐逊，角币上的罗斯福、华盛顿和肯尼迪，全都侧着脸。可在钱包里的纸币上，你却找不到侧面像。1 美元纸币上的华盛顿、5 美元上的林肯、10 美元上的汉密尔顿、20 美元上的杰克逊、50 美元上的格兰特，还有百元美钞上的富兰克林，皆为正面肖像。除去极少的例外，其他国家的情况也都差不多：硬币上是侧面像，纸币上是正面像。为什么存在这样的差异呢？

简单地说，尽管画家大多偏爱正面肖像，可金属雕版中存在的技术难题，使得人们难以在硬币上画出辨识度高的正面肖像来。硬币上可供作画的空间一般不过 4 厘米见方，由于精细度不够，很难画出一张能叫人轻易辨识的正面肖像。反之，如果只画侧面像，要认出主体来就容易多了。要在硬币上画出足够精细的正面肖像，虽然技术上办得到，但费用也极为可观。同时，随着硬币的流通，精致的细节很快就会磨损掉。

既然侧面像更容易制造和识别，为什么纸币上又弃而不用呢？这是因为，正面肖像的精细和复杂，能防止制造伪钞。

本章的最后两个例子旨在说明，有时候**我们必须深入考虑历史源流，才能对产品设计功能做出解释。**

劳拉·伊诺斯

为什么 DVD 和 CD 的尺寸一样大，但 DVD 包装盒却比 CD 包装盒要大得多？

CD 的包装盒是 14.8 厘米宽、12.5 厘米高。DVD 的包装盒却是 10.45 厘米宽、19.1 厘米高。为什么光盘的尺寸一样，包装却如此不同呢？

稍作挖掘，即可揭示这一差异的历史源头。在数字 CD 出现之前，大多数音乐是以黑胶唱片的形式出售的。黑胶唱片的包装是 30.2 厘米见方的纸盒子。摆放黑胶唱片的货架空间，刚好足够摆上两排 CD 盒子（包含当中的间隔）。CD 盒子相当于从前黑胶唱片的一半宽，使得零售商无须承担更换存储架和展示柜台的切实成本。

DVD 包装背后也隐藏着同样的考虑。DVD 出现以前，大多数租赁店放的是 VHS 格式的录像带，装在 13.5 厘米宽、19.1 厘米高的纸盒子里。录像带一般是标签朝外并排展示的。在消费者逐渐改投 DVD 怀抱的过程中，DVD 包装盒保持同样高度，方便租赁店在现有的货架上进行展示。此外，DVD 盒子跟 VHS 录像带盒子一样高，消费者也会更乐于投入 DVD 门下，因为他们能把新买的 DVD 放在原来存放 VHS 录像带的架子上。

戈登·怀德、凯蒂·惠勒斯等
为什么女装的扣子在左边，男装的扣子却总在右边？

针对不同购买群体对服装功能的不同需求，成衣商采用相应的统一标准，这一点并不足为奇。可奇怪的是，女士适用的标准跟男士标准恰恰相反。如果标准完全是随便制定的，那是另一回事，可男士标准明明也很适合于女士。毕竟，全世界 90% 以上的人（无论男女）都是右撇子，用右手从右边扣扣子要容易多了。那么，为什么女装扣子在左边？

服装问题嘛，历史说了算。

在这个例子当中，好像真的是历史说了算。17 世纪扣子最初问世的时候，只有有钱人的外套上才钉扣子。按当时的风俗，男士自己穿衣服，女士则由仆人帮着穿。女士衬衣上的扣子钉在左边，极大地方便了伺候女主人的仆人们（多为右撇子）。男士衬衫的扣子在右边，不仅因为大多数男人是自己穿衣服，还因为用右手拔出挂在左腰上的剑，不容易被衬衫给兜住。

如今还由仆人伺候穿衣的女士恐怕所剩无几，为什么女装扣子依然留在左边呢？那是因为规范一经确立，就很难改变。既然所有女装衬衫的扣子都在左边，要是有哪家成衣商提供扣子在右边的女士衬衣，就很冒险。毕竟，女士早就习惯了从左边扣扣子，一旦扣子换到右边，她们还得培养新习惯，改用新技巧。除却这一实际困难，部分女士恐怕还觉得，当众穿一件扣子在右边的衬衣会叫人尴尬，因为看到的人会以为她穿的是男士衬衣。

The Economic Naturalist

本章小结

- 产品设计既要包含最符合消费者心意的功能，又要满足卖方保持低价、便于竞争的需求。这也就是说，产品设计必须在两者之间实现平衡。
- 产品设计的功能要符合成本效益原则。
- 产品设计的细节还与几何学原理有一定的关系。
- 制造商对某一设计功能的战略决策，即此功能对产品的使用将产生什么样的影响，会反映在产品身上。
- 产品设计不仅要符合产品可能的使用方式，产品希望向用户传达什么样的信息，也会对它有影响。
- 必须深入考虑历史源流，才能对产品设计功能做出解释。

THE ECONOMIC
NATURALIST

02
供求关系实践

IN SEARCH OF EXPLANATIONS FOR EVERYDAY ENIGMAS

- 为什么很多酒吧喝水要钱，却又提供免费花生米？
- 为什么很多电脑制造商免费提供市价超出电脑本身价格的软件？
- 为什么很多人退休后，孩子也长大离开了家，这时他们反而要买大房子？
- 为什么一辆售价 2 万美元的新车租金为 40 美元一天，而一件 500 美元的晚礼服租金却要 90 美元一天？
- 为什么在很多洗衣店，清洗女士衬衣比男士衬衣收费高？
- 为什么红壳蛋比白壳蛋要贵？
- 为什么最畅销的书和 CD 比不那么畅销的要便宜，而最热门电影的票价却比不热门的电影要贵？
- 为什么一流私立大学收取的学费并不比二流私立大学高得多？

两位经济学家在去吃午餐的路上，看见人行道上躺着一张貌似百元美钞的东西。年纪较轻的那位经济学家打算去把它捡起来，年纪较长的那位却拦住他，说：“那肯定不是一张一百块的票子。”

“为什么不是？”年轻的问。

“要是的话，”年长的回答，“早就有人捡走了。”

当然，年长的经济学家不见得一定对，可他的提醒暗含着一个人们常常忽视的重要道理：“天底下没有免费的午餐。”钱不会躺在地上专等着你去捡。不管是过去还是未来，赚取真正财富的唯一方式，仍然是天赋、勤俭、幸运，再加上艰苦的劳动。

然而，有不少人似乎认为自己能够轻松致富。他们亲眼见别人这么做过。20 世纪 90 年代，有人靠着把手里原有的“旧经济”股票，比如通用电气、宝洁，换成甲骨文、思科和其他令纳斯达克指数一飞冲天的高科技股票，就这样发了大财。还有人拼命借贷，买下大大超过个人负担能力的房产，一夜暴富。

为什么常规不适用了呢？自认为能抢先捞上一笔的人信心百倍地做了解释。比如20世纪90年代，不少牛市分析师声称传统定价公式过时了，因为互联网改变了游戏规则。靠着B2B电子商务，一些公司的运营成本降低了30%，所以，毫无疑问，新技术极大地提高了生产率。

可时至今日，人们意识到——其实当时也应该意识到，**一家电子商务公司的最大价值，并不在于它能在多大程度上提高生产率，而在于它到底创造了多少利润。**率先采纳新技术的公司，会继续借此获取大量利润。可是，和过去一样，一旦竞争者也采用了同样的技术，那么，**从长远来看，新技术所节省下来的成本，并不会给生产者带来更高的利润，而是降低了产品的价格，使消费者受惠。**所以，抢先使用牛生长激素（能使牛的产奶量提高20%）的奶牛场，在短期内获利颇丰。但随着激素的广泛使用，提高的产量带动牛奶价格不断下挫，从而会降低利润率。

同样的利润曲线，最终也会体现在纳斯达克股市中提供新技术的那些公司身上。B2B电子商务组织或许确实让制造商省下了上千亿美元，可跟奶牛场一样采用新技术的公司都要面对激烈的竞争，于是节约下来的成本并没有变成更高的利润，只是降低了产品的价格。

“没有免费的午餐”原则提醒我们，要小心提防那些太过美好的机遇——因为太美好了，反倒不像是真的。它预言了2000年3月纳斯达克的大崩盘。若将它和成本效益原则用到一起，还能帮助我们理解寻常市场上较为普通的模式。举个例子，就让我们想一想产品的售价问题吧。

由于人们的品味和收入各异，他们购买任意一种产品时愿意支付的价格，存在相当大的差距。可诚如亚当·斯密在《国富论》一书中所说的，从长期来看，产品的价格不应当超过其生产成本。否则，盈利机会必会诱使竞争对手进入市场。随着竞争对手的增加，供应量也会增加，最终拉低价格，逼近成本。

可是，不同的买家却会为本质上毫无二致的产品和服务支付大不相同的价格。这种例子不胜枚举，它们似乎有违上述“没有免费的午餐”原则。为什么其他卖家的竞争没能把所有价格拉到同等程度呢？我们在第 4 章举的例子会直接对这个问题做出解释。眼下，我们不妨暂时这么说，在很多市场中，竞争的确把价格拉到了同等水平。

比如，在有限的范围内，黄金的售价在纽约和伦敦是一个价，卖给企业高管和卖给小学老师也都是一个价。假设 1 盎司黄金在纽约卖 800 美元，在伦敦卖 900 美元，那么，有人就可以在纽约买上 1 盎司黄金，转手在伦敦卖掉，这样立刻就能赚 100 美元。然而“一价定律”（其实它就是“没有免费的午餐”原则的翻版）指出，两座城市之间的黄金差价，一般不会超过两地之间的运输成本。

“一价定律”最适用于竞争极度激烈的日用品和服务市场。大致来说，在这些市场上，无数的供应商贩卖着高度标准化的产品。黄金市场便是一个经典例子。黄金是高度标准化的日用品，而一旦出现盈利机会，新公司也相对容易打入这个市场。

强化“一价定律”的是套利（无风险地低价买进、高价卖出）的可能性。要买一磅标准食盐，由于支付能力较高，富人或许比穷人愿意多给些钱。可食盐的价格对所有人都一样。**“一价定律”指出，任何试图利用富人愿意多花些钱的想法的供应商，都会给竞争对手创造出直接的获利机会。**即便盐商联手向富人卖高价，也会有穷人从中作梗。他们按穷人的低价买进食盐，再把价格调得比盐商卖给富人的盐价稍微低些，转手卖给富人，从中获利。随着想靠这种做法小赚一笔的穷人越来越多，差价也越来越趋近于零。

经济学家的供求模型，本质上讲的是无形的市场力量决定着某种产品的产量多少、售价几何。**对特定产品的需求，是衡量有多少人愿意买它的一种尺度。**换言之，它概述了人们购买该产品后，感觉自己获得了多少利益。只要人们觉得物有所值，就会不断购买一种产品。它的总体模式是：一种商品价格不断上涨，需求量也就持续下跌。

特定产品的供应量，则是有多少生产者愿意提供该产品供出售的一种简明尺度。只要产品售价不低于边际成本（生产最后一单位产品的成本），生产者就会不断提供该产品。这是基本的供应原则。从短期来看，边际成本随着单位产量的增加而提高（这一结果，部分原因在于“低果先摘”原则，它认为:最先利用最佳机遇，总是最好的）。所以，从供应方来看，总体模式是：商品售价越是上涨，卖方就越愿意多卖。

当愿意以市场主流价格购买该产品的消费者数量，与愿意贩卖该产品的生产者数量相当时，特定产品的市场处于平衡状态。这一平衡价格，也叫作**市场清算价格**。

虽然每天市场上都有无数的信息轰炸着我们，但供求关系模型却能施展神力，从中提取出有序的模式。

由于市场价格是在市场供应方和需求方实现平衡时才出现的，那么严格地说，**要解释价格或产量波动，光看供应方或需求方都是不正确的。**然而在一些案例中，把重点放在卖方（或买方），我们也可以理解市场中的不少重要模式。下面这几个例子描述的现象，主要是交易需求方（买方）带动产生的。

为什么很多酒吧喝水要钱，却又提供免费花生米？

有些酒吧一杯清水卖 4 块钱，但免费的花生却可随意索要。花生的生产成本肯定比水高，那这到底是怎么一回事呢？

理解这种做法的关键在于，弄明白水和花生对这些酒吧的核心产品——酒精饮料的需求量会造成什么样的影响。花生和酒是互补的。酒客花生吃得越多，要点的啤酒或白酒也就越多。既然花生相对便宜，而每一种酒精饮料又都能带来相对可观的利润率，那么，免费供应花生就能提高酒吧的利润。

反之，水和酒是不相容的。酒客水喝得越多，点的酒自然也就越少了。所以，即便水相对廉价，酒吧还是要给它定个高价，打消顾客的消费积极性。

为什么很多电脑制造商免费提供市价超出电脑本身价格的软件？

如今，人们购买一台新电脑，一定会发现硬盘上不只装着最新版本的操作系统，还包括最新版本的文字处理、电子表格、幻灯片、电子邮件、音乐和照片等软件，当然还有最新版本的杀毒软件。为什么厂商要免费附赠这么多软件呢？

软件用户很在意产品的兼容性。试想，要是科学家或者历史学家合作开展一个项目，倘若他们都使用同一个文字处理程序，任务会简单得多。同样，要是会计跟企业主管使用同一套财务软件，那她报税时的日子就轻松许多啦。

另一个相关考虑是，很多程序，比如微软的 Word，掌握起来有些麻烦。用熟了这套软件的人，往往不愿另外再学别的同类软件，哪怕后者从客观上来看更好用。

这就意味着，拥有并使用特定软件的好处，会随着使用者人数的增多而提高。这一不同寻常的关系，给最流行的程序厂商带来了难以估量的巨大优势，并使得新程序很难打入市场。

意识到这一模式之后，Intuit 公司为电脑制造商免费提供它设计的个人财务管理软件 Quicken。电脑制造商当然愿意为生产出的电脑预先安装这一程序，因为它增加了新机器在顾客眼中的吸引力。于是，Quicken 很快成为个人财务管理程序的标准。通过免费赠送软件，Intuit 公司推动了市场，为后备产品创造了巨大的需求，比如 Quicken 的升级版本、后续版本等。如此一来，它的个人税务软件 TurboTax 和 Macintax 也成了税收筹划程序的标准。

有了这一成功榜样的激励，其他软件开发商也跳进来要求分一杯羹。据传言，有些软件开发商甚至付钱给电脑生产商，要他们安装自家软件。

谷天心

为什么一款手机只卖 39.99 美元，为该手机买一块额外的电池却要 59.99 美元?

在有些地方，要是你跟运营商 Verizon 签一份为期两年的合同，该公司就会以 39.99 美元的超低价，卖给你一部摩托罗拉 V120e 型手机。但要是你想给这部手机多买一块电池以备不时之需，那就要出 59.99 美元。为什么备用电池卖得比手机本身还贵呢?

手机使用的是可充电锂电池，制造成本很高。所以，更叫人好奇的问题也许应该是，为什么手机卖得这么便宜？答案藏在运营商独特的成本结构当中。这类公司的大部分成本是与铺设网络有关的固定成本，比如修建基站、获取相关执照等。这些成本和广告支出一样，不会随着他们提供的服务量而发生变化。不管运营商花多大的功夫吸引顾客，这部分成本始终不会消失。

假设一般性服务合约的月费是 50 美元，那么每有一名顾客签合同，公司每年可多得 600 美元收入，而成本并无显著增加。所以，运营商很希望多招揽顾客。

手机和无线服务是高度相关的东西。经验表明，提供特价手机是吸引新顾客的一个有效手段。因为订货量大，运营商就可以跟诺基亚、摩托罗拉和其他手机制造商谈判，争取极优惠的价格。很多运营商向新顾客报出的手机价格比它们的进价要低，还有些运营商甚至提供“免费”手机。但就算运营商向摩托罗拉买手机花了 100 美元，只要顾客跟他们签下合同，支付一年 600 美元的通信服务费，这笔买卖还是很划算。

反过来说，卖特价电池却不是吸引新顾客的成功手段。这没什么奇怪的，毕竟大多数人大多数时候都用不着多块手机电池。所以，运营商发现，手机卖得比电池便宜的做法有利可图。

潘卡 · 班得拉尼

为什么印度高层建筑里最贵的房间在靠上的楼层，而低层建筑里最贵的房间却在靠下的楼层呢？

在孟买的高层公寓大楼，一间公寓的月租费会随着楼层的升高而加价 1%~3%。假设公寓在 20 层，就比 15 层贵 15%~45%。可是，在 4 层以下的公寓楼，情况却恰好相反。1 层和 2 层的房间，比 3 层和 4 层的房间贵得多。为什么会这样呢？

从总体上来看，房间楼层越高，景色肯定越好，而且街上传来的噪音也越小。显然，正因为有这些优点，高层建筑里楼层高的公寓租金才比楼层低的要高。可在低层建筑里，楼层高的好处也是一样的，为什么高层的租金反而比低层便宜呢？

这是印度的特殊国情所致——按照法律规定，低于 4 层的楼房可以不安装电梯。因此，在低层建筑中，住在较高楼层的居民必须扛着大包小包爬楼梯。又因为，就算住在楼上，景色也不太好看，甚至同样听得到街上的噪音，所以在低层建筑中，倘若租金相同，大多数居民就会选择较低的楼层。对楼层低的房间需求量大，正是它们租金高的原因。

托宾·什尔克

为什么很多人退休后，孩子也长大离开了家，这时他们反而要买大房子？

不少人退休后继续住在原先的房子里，等到生活不能自理之后，就搬到养老院。过去几十年来，倘若人们退休之后要搬家，一般会在佛罗里达、亚利桑那或者其他气候适宜的地方买一栋比较小的住处。当然，现在还是有不少人这么做。可最近对退休人士所做的调查显示，好些人会把现有的房子卖掉，然后在附近重新买一处较大的房子。他们为什么要这么做呢？

其中一个原因可能是，如今的退休人士更富裕些，有经济能力搬到更大的房子住。但他们的孩子都长大成人搬走了，他们为什么还想要更大的房子呢，而且还买在原先的房子附近？他们为什么不到气候更适宜的地方去买一处更大的住所呢？为什么要在宾夕法尼亚州买一座500多平方米的大房子？

有一个说得过去的解释：在成年子女的房子附近有一处大房子，能吸引孙子女经常过来玩儿。过去几十年，离婚又再婚的现象越来越普遍，现在不少孩子能有六七个祖父母（继父母的爸妈也包括在内的话）。于是，祖父母跟孙子女见面聊天的需求提高了，孙子女的供应量却保持不变。所以，祖父母或许想通过买一处便于来访的大房子，提高自身在孙子女有限访问次数中所占的份额。

退休人士的大房子：吸引孙子女的大磁铁？

朗达 · 海地

为什么沙姆沙伊赫酒店的房费，在客房入住率最高的时候反而最低？

一般来说，酒店的房费随着客房入住率而变化，而客房入住率又是与客房需求量直接相关的。沙姆沙伊赫是埃及的一个度假胜地，当地夏季的客房入住率比冬季高得多。那么，为什么沙姆沙伊赫酒店的房费，夏天反而要低得多呢？

酒店的房费不仅取决于客房入住率，还跟潜在住客支付房价的意愿和能力有关。虽说冬天到沙姆沙伊赫的游客较少，但他们一般都是埃及本地人，或者其他收入较高的西方游客。他们选择沙姆沙伊赫，是因为当地气候比寒冷的北方要舒服得多。

反之，到访埃及和中东其他地区的游客不愿面对荒凉的冬天，因此愿意在夏季前往，他们中以学生和工薪阶层为主。这类游客的收入一般比冬天来访的游客要低，所以酒店无法收取冬季那么高的房费。

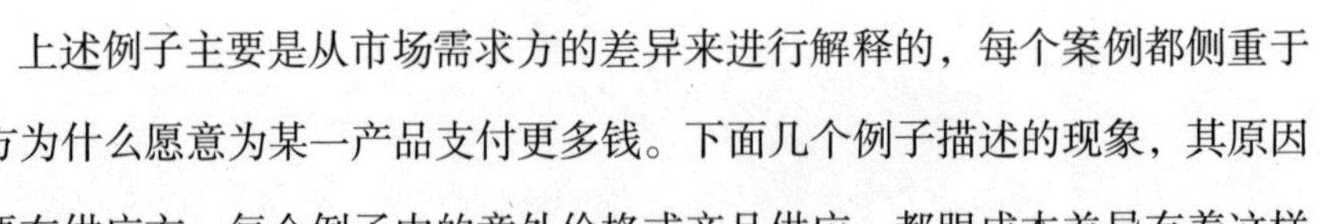

上述例子主要是从市场需求方的差异来进行解释的，每个案例都侧重于买方为什么愿意为某一产品支付更多钱。下面几个例子描述的现象，其原因主要在供应方。每个例子中的意外价格或产品供应，都跟成本差异有着这样或那样的联系。

欧松·罗伊特曼
为什么彩色胶卷卖得比黑白胶卷便宜？

在婴儿潮一代的青少年时期，彩色胶卷一般比标准的黑白胶卷贵两三倍。可现在，贵的反而是黑白胶卷。例如，在纽约伊萨卡的相片冲印店，冲洗一卷36张的黑白胶卷，索价14.99美元，可同样规格的彩色胶卷，只要6.99美元。为什么会出现这种情况呢？

20世纪50年代，彩色相片的消费市场尚处襁褓期。冲洗彩色胶卷的过程比黑白胶卷要复杂得多，费用也高。由于这一最初成本的差异，大多数人都拍摄黑白相片，使得相片冲印店专攻于此。随着数量的增长，专业化带来的效率进一步降低了处理黑白胶卷的成本。

黑白胶卷继续在市场上处于主流地位，处理彩色胶卷的工艺仍然很复杂。可随着消费者收入的提高，越来越多的人选择了彩色胶卷，于是制造商开发出能够自动冲印彩色胶卷的光学机器。这种机器每台成本15万美元，只有冲印店每天都要处理大量的相片才划算。它们最大的优势在于，能以微不足道的人力费用处理海量相片。由于在相片冲印成本中，最主要的部分就是劳动力成本，使用新机器的冲印店能用比黑白相片低得多的价格生产并出售彩色相片。

那为什么这种自动机器不能处理黑白照片呢？其实是可以的，只不过这么做需要昂贵的相纸，而且所得照片的质量比传统的手工方式要差。所以多年以后，黑白照片日渐占据了专业人士和业余爱好者等小众市场。

如今人们逐渐又从光学处理机转向了数码机。后者能在彩色相纸上冲印黑白照片，两种胶卷的处理成本很快就会趋于一致，黑白相片和彩色相片之间的差价也会随之消失。

约翰·高特

为什么一辆售价 2 万美元的新车租金为 40 美元一天，而一件 500 美元的晚礼服租金却要 90 美元一天?

汽车租赁连锁店都是批量购买新车，因此可以跟制造商讨价还价，获得一个很低的折扣价。他们旗下的车一般只用两年，之后就会按进价的 75% 卖掉。所以，他们拥有一辆车的机会成本，比私家用户低得多。

反之，大多数礼服租赁店都是地方小店。一家中等规模的店，一般可供出租的礼服只有 1 000 多套，每年的采购量不足以获得高折扣的批发价。又因为二手礼服的市场很小，用旧了的礼服大多只能捐赠或以微不足道的价格卖给学校的表演系和校乐队。这样一来，汽车租赁公司收取到的租金，只要在两年的时间内高于购车价的 25% 就行；而礼服租赁店收取到的租金，必须高于每件礼服的全价。

更重要的是，汽车租赁公司的库存汽车，往往比礼服租赁店的库存礼服利用率高得多。大多数礼服只有星期六晚上的重要场合才租得出去。在任一星期六，一家有上千套礼服的租赁店，大概能租出去 100 多套；可在一个星期的其他日子里，最多只能租出去 5 套。反之，一家汽车租赁店的出租率，随便哪一天都差不多。

还有一个因素是，汽车租赁公司一般会对附加事项收取比标价高得多的费用。比如，保险附加费比自己保险的费用高得多，顾客还车时忘了把油箱加满，公司也会收取比市价高得多的油费。

而礼服租赁店为了顾客穿着合身，大多要改衣服，这样产生的裁改费用几乎跟租金本身一样高。每套礼服出租之前还必须干洗，这又带来了 10 美元的额外支出。反之，汽车租赁公司收车之后，只要把它加满油就又能租给别人了。

所以，不足为奇，尽管一辆车的零售价差不多是一套礼服的 40 倍，它的租金却只相当于一套礼服的 50%。

唐·阿黛

为什么在很多洗衣店，清洗女士衬衣比男士衬衣收费高?

在纽约伊萨卡贾德福尔自助洗衣店，干洗熨烫一件女士有领衬衣收费5美元，但男士衬衣却只收2美元。难道这家店歧视女性?

有证据显示，在汽车这类可还价的昂贵商品上，女性往往会比男性少出钱。但洗衣服务并不属于此列。针对男女衣物，洗衣店一般都会贴出不同的价格，而顾客几乎从不会就此讨价还价。

一般来说，一个行业竞争性越强，对顾客给予区别待遇的可能性就越小。即便是在伊萨卡这样一个小城，电话黄页上也至少列着十多家洗衣店，这个数量足以保证竞争的激烈性。要是现有洗衣店为处理女士衬衣而索取比成本高得多的价格，那桌上可就有免费午餐了。竞争公司只需贴出一张海报:“女士衬衣不额外收费”，立刻就能占领大部分女装清洗市场。

既然上述价格差异持久存在，说明其根源在于处理男女衬衣的成本不同。和大多数服务行业一样，洗衣店的主要成本是人力成本。但我们很难想象，清洗女士衬衣怎么会比男士衬衣贵。毕竟，两种衬衣还不都是扔进洗衣机就完了。所以，如果成本上存在差异，肯定是在熨烫环节。只要有可能，洗衣工就会用标准熨衣机熨衬衣，它能极大地提高处理速度。可要是衬衣太小、扣子太多、细节太烦琐，就不能拿到熨衣机上熨烫。标准熨衣机还会从下摆部分紧紧夹住衬衣，在布料上留下一处显眼的压痕。不能用标准熨衣机处理的衬衣必须手工熨烫，耗时也就更长。

总体而言，熨衣机处理男士衬衣比女士衬衣更稳妥，因为后者做工大多更繁杂，更容易被机器弄坏。而且女性大多也不会把衬衣塞进裤子或裙子，要是衣服下摆被熨衣机夹出一排压痕，那简直叫人无法接受。反过来说，男人会把衬衣塞进裤子（直到最近才有所改变），所以对他们来说，有压痕也问题不大。

简而言之，为什么洗衣店清洗女士衬衣比男士衬衣贵，最说得通的解释是，女士衬衣熨烫起来更费事（普遍而言）。

克里斯·安德森

为什么近年来印度语电影吸引了越来越多的观众？

就在不久以前，住在美国的新德里人要想看到家乡话电影，还得回印度才行。可现在，即便是住在纽约附近的偏僻小镇，也能租到上百部印度语电影。是什么导致了这种变化呢？

诚如克里斯·安德森（Chris Anderson）在其《长尾理论》一书中所说的，以前只有住在大城市的居民才能看到外国语电影的一鳞半爪。除非每场电影的观影人数都很多，否则，电影院预订的片源就赚不到钱。所以，即便是在印度移民众多的城市，上映印度电影也太过苛求了。

然而，随着 Netflix 等在线 DVD 租赁服务的出现，从前相对小众的电影市场发生了翻天覆地的变化。要从这种电影上赚钱，用不着再要求数量可观的观众同时出现在同一地点了。如果你想看印度著名导演帕拉卡（Palekar）1979 年的喜剧片《真真假假》（*Gol Mol*），只需要在 Netflix 上填个申请单就行。在美国，哪座城市都没有足够的印度移民，能维持在电影院上映《真真假假》的成本。但 Netflix 把这部电影加入出租库存的成本并不高，观众的人数足够了。

有许许多多的电影都因为观众不够多，无法在电影院上映；有许许多多的书籍亦因为读者人数太少，无法在书店摆卖。可在线租赁和销售的出现，把这部分作品从被人遗忘的角落里发掘了出来。

查尔斯·凯勒

为什么 20 世纪 90 年代初，高尔夫练习场在华盛顿郊外遍地开花？

由于美国的同业工会和说客竞相购买靠近首都的房地产，华盛顿的地价很高。为了负担获取一栋建筑所需的成本，房地产开发商必须想办法收取高昂的租金，而这通常意味着修建多层办公大楼或公寓。可在 20 世纪 90 年代初，开发商开始修建无数的高尔夫练习场。一座典型的高尔夫练习场每晚大概能吸引十多个主顾。每个人只需付上几块钱，就能享受把高尔夫球击入夜空的特别待遇。可每个月通过这种方式赚到的租金实在太少，连支付购买该块土地的贷款利息都不够。那为什么开发商会以这种方式使用土地呢？

在整个 20 世纪 80 年代，华盛顿地区的开发商新建了大量办公大楼和公寓。自住房屋的售价和办公室租金飞速上涨，于是开发商又忙着收购尚未开发的地段，期待房价进一步上扬。结果到了 1991 年，全美经济出现衰退，华盛顿的房地产市场供过于求，房子建得太多，房屋空置率飙升，租金暴跌。凡在该时期修建新办公大楼或住宅群，房子都会空置好一阵。

除了建房子，开发商也可以一个较低的价格把空置土地卖掉，或是捂盘捂到市场复苏。显然，选用后一种策略的开发商很有理由在过渡期间，给土地找个经济实惠的用场。出于这一目的，高尔夫练习场很是理想。它只需要一堆用过的高尔夫球、一辆发球用的拖车、一辆回收球用的手推车即可。这类投资规模很小，等房地产复苏时清算起来也很容易。

那么经营高尔夫球场所得的微薄收入，和持有高价买进的土地的机会成本比较起来，又有什么道理呢？显然，要是开发商早就料到了其后的市场低迷期，他们绝对不会买地。但既然他们已经买下了地，并打算熬过低迷期，那么问题就变成了在这一过渡时期给土地找一个最佳用途。从经济的角度考虑，在这种条件下，高尔夫练习场无须创造足以支付这块土地机会成本的收入，只需要赚取比维持土地的边际成本稍高的收入即可。因为就算这样，也比开发商把地空着要好。

本章最后几个例子讨论的现象，需要我们从市场供求双方来考虑其原因。

乔纳森·张

为什么红壳蛋比白壳蛋要贵？

在伊萨卡最大的超市，同一种特A级鸡蛋，白壳的售价3.09美元一打；红壳的售价则是3.79美元一打。根据华盛顿鸡蛋营养中心的研究，不管是鸡蛋的味道还是营养价值，都跟蛋壳的颜色毫无关系。那为什么会出现这种价格差异呢？

红壳蛋更讨买家喜欢，所以他们愿意出高价，这么解释倒很简单。但这个说法无法令人满意，因为它似乎暗示白壳蛋卖家有钱不去赚。如果卖红壳蛋利润更高，他们为什么还要继续卖白壳蛋呢？

红壳蛋的生产成本比白壳蛋要高，这个理由说得过去。鸡蛋的颜色取决于生蛋母鸡的品种。比如，白来航鸡下白壳蛋，罗德岛红母鸡下红壳蛋。红母鸡一般比白母鸡个头大，由于母鸡每天必需的卡路里取决于其个头大小，所以饲养红母鸡的成本更高，从而红壳蛋的成本就更高。但要解释为什么红壳蛋卖得更贵，还必须考虑需求方的一个重要因素。正是因为有消费者偏爱红壳蛋并愿意为此多出钱，市场上才有红壳蛋出售。否则，根本没人会卖这种成本更高的蛋。

埃里克·吉普森

为什么贺曼贺卡公司要派发免费“非节日”贺卡?

贺曼贺卡公司在最近的促销活动中，提供免费的“非节日”贺卡。这些贺卡上写着“对不起”“我想你”和“祝你好运”等简单信息，放在显眼的特制独立架子上。架子上贴着大幅的海报:“免费贺卡！每名顾客限拿两张。”这些贺卡上画着精美的图案，采用高质量卡纸印刷。它们不是库存货，也没有被弄脏、折角，没有任何明显的破损。而且，消费者无须购买其他商品就能免费拿取。贺曼公司为什么要这样做呢?

贺卡是利润极高的产品。虽说每张贺卡的边际生产成本不过几分钱，但卖价一般都是好几块钱。高额利润有助于维持贩卖贺卡的零售店的管理成本。除了生日卡，贺卡的销售主要集中在全年的各种节日，很多最好卖的贺卡都是高度季节性的，如圣诞卡和毕业卡。所以，贺曼零售店有时候挤满了人，但大多数时候则空空荡荡。于是，公司设法在非旺季时期寻找其他途径销售贺卡，借以提高利润。

公司展示免费贺卡的时候，“非节日”贺卡这一市场尚未确立。大多数顾客是为了过生日或其他特殊情况才来买贺卡的。如果公司把“非节日”贺卡用来出售，可能根本没人会注意到它们的存在。可在显眼的地方展示免费贺卡，能吸引不少购物者把它们带回家去。贺曼公司知道，哪怕只有极少数购物者对这种贺卡中意，那么从长期来看，也必然会带动市场的发展。毫无疑问，如今的贺曼公司已经开始用跟传统贺卡差不多的价格在销售非节日贺卡了。对于一个出售高利润产品的季节性行业来说，这次的促销活动可算得上是大获成功了。

劳拉·圣多瓦尔

为什么在照片冲印店，同一卷照片加冲第二套免费？

如果你有一卷胶卷要冲，不少冲印店可以免费给你加冲第二套。不过，一卷胶卷里的大多数照片都不值得冲第二张。那么为什么这些店会提供这种免费服务呢？为什么不冲第一套的时候就直接给个半价呢？

如上所述，现在大多数胶卷都是自动冲印。店员只需要把负片放进机器，剩下的就全由机器搞定了。一张照片要冲第二张，只需要按个钮，不需要额外的劳动时间。复制照片的相纸和化学药品当然增加了些许成本，但少之又少。因此一卷胶卷冲印第二套的成本只增加了一点点。

从买方来看，即便一卷胶卷里大多数照片都是废片，可总有几张比较好，可以多冲一张送给家人或朋友。只冲了一套照片的顾客必须先挑选出要加冲的负片，然后再到冲印店去一趟。这样加冲的照片，冲印店的操作员必须更为小心谨慎，所以店方要收高价以负担其成本。

因此，提供同一卷胶卷加冲第二套相片免费的冲印店，为顾客提供了一种宝贵的服务，同时所增加的成本最小。

没能提供这一服务的冲印店，肯定会流失不少顾客到竞争对手那里去。

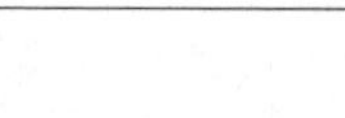

埃德·瓦拉

为什么最畅销的书和CD比不那么畅销的要便宜，而最热门电影的票价却比不热门的电影要贵？

鲍勃·迪伦的CD《摩登时代》，定价是18.99美元，但2006年8月正式发行后，亚马逊上只卖8.72美元，打了一个对折还要多。反之，不那么出名的艺人的专辑，折扣就要小得多。比如，法语乐队巴黎康宝的《主题》专辑，定价 17.98 美元，亚马逊上卖 14.99 美元，差不多是 8.5 折。图书的情况也很类似。例如，在博德斯书店（Borders Bookstore），畅销书可打 7.5 折，但其他大多数书籍则按封皮上的定价出售。

电影票的情况恰好相反。虽说特定电影院在特定时间上映的所有电影，票价基本上都差不多，但和其他电影相比，院方尤其不愿意给热门电影提供折扣券。为什么只有电影院经营者利用了消费者愿意为更流行的产品多付钱的心态，而卖书和卖 CD 的却不这样做呢？

每一本书、每一部电影、每一张 CD，都是独一无二的。由于竞争卖家不能提供这些产品的完美替代品，市场竞争并不充分。即便如此，在非完全竞争的市场中，一般情况仍然是，买家最重视的产品和服务，其售价也较高。如前所述，电影票的销售模式与此相符。

8.72美元

Courtesy Sony BMG.

14.99美元

Courtesy Universal Music.

音乐专辑不受供求关系的制约吗？

那为什么书籍和 CD 背离了上述模式？首先，可以从这些产品的销售者所面临的成本条件与影院经营者截然不同说起。对电影院来说，决定票价的稀缺资源，不是电影本身，而是座位。一旦电影院的座位坐满了，给再多的钱，都无法为额外的顾客提供服务。所以，影院很有理由不给满座的电影打折。反过来说，书籍和唱片卖家给畅销产品打折，并不会挤走额外的顾客。大多数时候，他们可以预见到哪些产品最畅销，并提前准备好充足的库存，确保供应。由于这些产品流通速度很快，在货架上保存每一副本的成本是相当低的。而不那么畅销的书籍和 CD，可能一两个月才卖出去一套，同样的货架空间带来的收入较少，所以库存成本更高。

事实上，所有的零售商都会库存最畅销的书籍和 CD（因为他们知道到时候市场需求量会很大），但不同的商店库存的非畅销书籍和 CD 却各不相同。这也就意味着，对于最畅销的书籍和 CD，零售商要面临的竞争压力更大。要是顾客对这家店出售迪伦新专辑的价格不满意，他可以到任何其他商店去买。但库存巴黎康宝乐队最新专辑的商店可就没那么多了。想立刻拥有这张专辑的顾客，除了按供方的标价付钱，似乎没有其他的办法可想了。

最成功的音像店会向顾客推荐不太流行但很有希望流行的新专辑。如若没有这种推荐，顾客或许根本不会注意到这些作品。因此，越是非畅销的专辑，越需要见识渊博的店员进行推荐。这部分人力成本，自然要由非畅销专辑来承担。畅销作品折扣大，一部分原因在于它们的贩卖成本更低。所以，下一次你坐下来听这张了不起的巴黎康宝乐队新专辑时，请务必记住：你买它的价格，比在沃尔玛买的畅销 CD 要贵得多，因为音像店必须承担聘用知识足够丰富的销售员的额外支出，毕竟只有这种员工才知道，这张专辑或许对你的胃口。

商店给最畅销书籍和 CD 打折，还有另一个动机：这种做法能吸引更多顾客走进商店，购买其他物品。

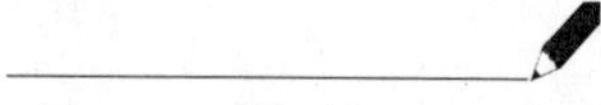

朗尼·福克斯

为什么一流私立大学收取的学费并不比二流私立大学高多少？

根据《美国新闻与世界报道》的调查，全美排名前 100 位的私立大学，每年的学费差异相当有限。然而，对一流学校新生入学资格的需求，显然比二流学校要紧张得多。比如近年来，一流学校新生报考的录取率低于 10%，而二流学校的录取率却在 50% 以上。一流大学每名新生的支出也较高。那么，既然一流大学的成本高、需求大，为什么不收取更高的学费呢?

虽然在任何时刻，排名前 10 的大学都只可能有 10 所，但一般而言，至少会有 50 多所大学的校长坚定地相信，要不是因为排名公式里的某些缺陷，自己的学校当之无愧该排在前 10 位。而且靠着全体教员、学生和校友的努力，校长无须在提高学校对外名次方面大花功夫。只要大学跻身精英地位，上述各集团自然能收获可观的回报。

要成为这种精英大学的切实候选人，大学必须吸引到一流的生源。不少排名公式都很重视学校录取新生时的平均 SAT 得分。结果，一流大学不得不激烈争夺最有天赋的学生。它们给予入学资格的少数学生，同样也为其他一流大学所拉拢。

哪怕每年的学费要 10 万美元，哈佛大学招够高素质的新生也毫无问题。但要是它收的学费特别高，就只能吸引到优秀学生中极有限的一部分。不少家长会质疑："干吗要花 10 万美元把孩子送到哈佛大学呢？普林斯顿大学的学费才 4 万美元。"

学费只占培养一个学生总成本的一部分——在很多时候，还不到 1/3。其余差额，大部分来自校友和其他人的捐赠和年度馈赠。一流大学有能力负担较高的成本，因为它们获得的捐赠收入比二流大学高得多。

这个结果使得进入一流大学的学生所支付的学费，并不比二流大学高。一流大学不收取较高学费是因为：一方面，最才华横溢的学生渴望进入一流大学进行深造；另一方面，一流大学同样迫切需要这些学生。

The Economic Naturalist

本章小结

- 一家公司的最大价值，并不在于它能在多大程度上提高生产率，而在于它到底创造了多少利润。
- 从长远的角度来看，新技术所节省下来的成本，并不会给生产者带来更高的利润，而是降低了产品的价格，使消费者受惠。
- “一价定律”指出，任何试图利用富人愿意多花些钱的想法的供应商，都会给竞争对手创造出直接的获利机会。
- 对特定产品的需求，是衡量有多少人愿意买它的一种尺度。
- 特定产品的供应量，则是有多少生产者愿意提供该产品供出售的一种简明尺度。
- 当愿意以市场主流价格购买该产品的消费者数量，与愿意贩卖该产品的生产者数量相当时，特定产品的市场处于平衡状态。这一平衡价格，也叫作市场清算价格。
- 要解释价格或产量波动，光看供应方或需求方都是不正确的。

THE ECONOMIC NATURALIST

03
职场的奥秘

IN SEARCH OF EXPLANATIONS FOR EVERYDAY ENIGMAS

- 为什么女模特比男模特收入高?
- 为什么收入最高者的薪水比普通人涨得快得多?
- 为什么大型烟草公司的 CEO 愿意宣誓作证，尼古丁并不会让人上瘾?
- 为什么在同一公司的同一工作小组中，生产效率最低的员工，收入一般比自身创造的价值要高；生产效率最高的员工，收入却比自身创造的价值低呢?
- 为什么有些服务，我们给小费，有些却不给?
- 为什么员工的工资一般是随着工作年限增长，而不是随着工作效率的提高而增长?
- 为什么雇主为了吸引到想要的高素质员工，或为了吸引到足够数量的员工，有时会提供高出标准的薪资?
- 为什么大多数公司必须要在正式下聘前对员工进行背景调查，而大多数 MBA 课程是在接受申请人入学之后才进行背景调查?
- 为什么独立音乐人，尤其是最有天赋的那些，偏爱音乐免费共享程序，而已经成名的艺人却往往反感这种程序?
- 为什么如今聘请专业人士帮忙换轮胎的做法越来越普遍?
- 为什么公司宁愿出高价雇用临时的管理顾问，也不愿以较低的薪水聘用全职管理人员?

劳动力市场是我们大多数人都要参与其中的一个重要市场。人本身并不能放到市场上出售,可贩卖人力服务却完全合法。流通这些服务的市场,同样受制于供求关系原理。木匠的供应量增加,木匠的工资水平往往就会下降。如果电脑程序员的需求量提高,我们便可预料他们的工资水平会上涨。

本章讨论的第一部分例子,阐述了**竞争性劳动力市场的基本原则:雇员的工资与他们为雇主在盈亏平衡点之上所创造的价值大致成正比关系。**

弗兰·亚当斯

为什么女模特比男模特收入高?

时装模特海蒂·克鲁姆2005年挣了750万美元,其他几个顶尖女模特甚至挣得更多,最高的是吉赛尔·邦辰,1 500万美元。5名女模特跻身《福布斯》杂志该年度收入最高名人百强排行榜。该榜单上没有一名男模特。为什么顶尖女模特收入这么高?

要回答这个问题，我们首先要弄清时装模特帮助那些聘用他们的成衣商达成了什么目的。简单地说，他们的工作是让厂商所制成的衣服，在潜在买家面前显得尽可能好看。因为大多数衣服穿在漂亮人身上更好看，成衣商必然会挑选最好看的男女模特来拍宣传照。所以，无论男女，模特总是长得好看的薪水高。又由于社会对男女两性的美丽各有标准，说女模特薪水高是因为她们比男模特长得好看，这不合道理。

Photo courtesy *Elle* magazine.

辛迪·克劳馥，20 世纪 90 年代收入最高的超级名模。
即便是今天，也没有哪个男模特赚得比她多。

女模特收入高，是因为女士时装产业比男士时装大得多。举例来说，美国女性每年买衣服的钱比男人多两倍，其他国家的差距更为明显。既然总数如此可观，对于女装制造商来说，在最能展现当代服装之美的模特身上花天价，也就合情合理了。像《时尚》和 *Elle* 这种读者众多的时装杂志，在女士服装和化妆品上有着无与伦比的巨大影响力。每期杂志上都刊登着数以百计甚至千计的女模特照片。在如此喧嚣的环境下，最能吸引读者视线的模特，自然价值千金。所以，成衣商愿意给该领域稍微出众一点的模特更多钱，也就很容易理解了。

相比起来，聘用好看男模特的附加价值就黯然失色了。大多数男人连报出一本男性时尚杂志的名字都不能，更别说看了。聘用稍微好看一点的男模特，成衣商也能多卖衣服，但跟聘用好看女模特所卖出的衣服相比，相差颇远。

化妆品也会找女模特打广告，找一个更漂亮的模特所带来的好处同样难以估量。由于大多数男人根本不使用化妆品，能参与这一劳动力市场的男模特数量就很少。

为什么收入最高者的薪水比普通人涨得快得多?

在第二次世界大战过后的 30 年里，收入阶梯高层和低层的人，收入增长比率都差不多——每年在 3% 以下。但是，自那以后，高收入者的收入越来越高。所以，虽然目前中等工资者的实际购买力跟 1975 年基本一样，但 1% 收入最高的人，其收入却比 1975 年翻了三番。越往上走，收入增幅越大。比如，美国大企业 CEO 如今的薪资比普通工人高 500 倍，而在 20 世纪 80 年代，则只高 42 倍。为什么会出现这一变化呢?

虽然相关因素众多，但有一点尤其突出——技术的高速发展，提高了最有能力的人的个人优势。每个行业的条件都有所不同，我们不妨借税务咨询业的情况管中窥豹。

在 20 世纪 70 年代，该行业基本上完全由本地会计控制。最能干的会计比同事要挣得多，可收入差距一般不大。接着出现了一股全国性税务咨询公司的热潮，比如 H&R 布洛克公司等，这类机构的组织者发现，只要有一群人数相对较少的专家的指导，大部分退税工作完全可以靠非专业人士来完成。在有效的全国性广告的推动下，这些公司抢占了本地会计市场，为组织者创造了巨大的收入。

最近，人们更是开始依靠电脑软件指导自己完成退税工作。一开始有大量此类软件在争取买家的注意，可等到 Intuit 公司的 TurboTax 以及其他几种功能最全面、界面最人性化的软件在比赛中拔得头筹，竞争软件的市场立刻大幅缩水。这样一来，一旦最优秀的税务软件写完程序代码，软件公司就能以接近于零的边际成本生产软件副本，从而有效地排挤用户较少的软件。所以，如果我们对比当今和 20 世纪 70 年代的税务咨询行业，那么输家是本地会计师，而大赢家则是生产顶尖报税软件公司的组织者。

CEO 薪资的增长也是同样的道理。现代信息技术，以及更低的交通成本和关税壁垒，扩大了市场的范围。一家轮胎公司，从前只要做到俄亥俄州的老大就能生存下来，可现在必须跻身全世界若干家效率最高的生产商行列才行。和过去相比，市场范围宽广得多，竞争激烈得多，领导者决策质量的细微差异，足以变成企业收入上的巨额差距。

当然，优势更强大，竞争更激烈，无法解释 CEO 收入中的所有增长。安然公司和 WorldCom 公司的丑闻说明，一些 CEO 会以做假账的方式来增加自己的收入。但研究表明，高层管理者薪资的增长，主要是因为管理者的决策对提高公司业绩越来越重要。

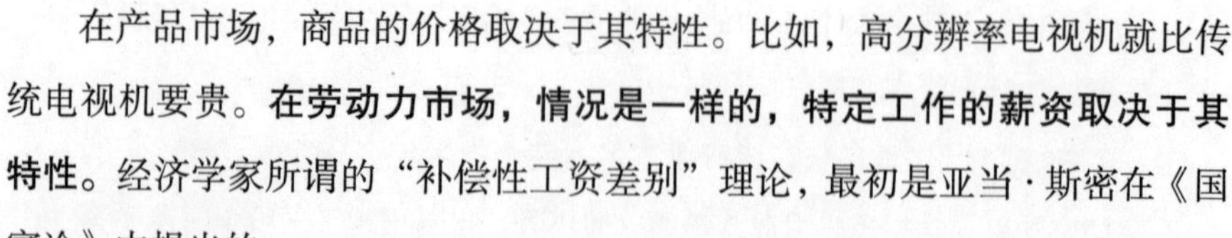

在产品市场，商品的价格取决于其特性。比如，高分辨率电视机就比传统电视机要贵。**在劳动力市场，情况是一样的，特定工作的薪资取决于其特性。**经济学家所谓的“补偿性工资差别”理论，最初是亚当·斯密在《国富论》中提出的：

> 不同的劳动和资本职业的利害，总的说来，在同一地方内，必然完全相等，或不断趋于相等。在同一地方内，假若某一职业，明显地比其他职业更有利或更不利，就会有许多人辞去比较不利的职业，而挤进比较有利的职业。这样，这种职业的利益，不久便再和其他各种职业相等……考虑到个人的利害，人必会寻求有利的职业，避开不利的职业。

亚当·斯密的理论解释了下列现象：倘若其他相关因素一样，为什么风险更大、所费功夫更多、工作地点肮脏或气味难闻的工作，工资一般会更高。下面的几个例子，对补偿性工资差别理论导致的其他一些较难想到的结果，进行了解释。

丹尼尔·鲁特

为什么达拉斯郊区重铺车道的工人，工资比明尼阿波利斯郊区要低一半？

搬到达拉斯郊区的一处住所后不久，某女业主收到一份重铺门口车道的报价。她当初卖掉自己在明尼阿波利斯郊区的房子时，刚好也做过这件事。出乎意料的是，达拉斯这份报价单索要的原料费跟她上次花的钱差不多，可人工费却只相当于上次的一半。为什么达拉斯的劳动力这么便宜呢？

按照一价定律，技术要求和工作条件大体差不多的工作，薪资也应当相同。不管是在明尼阿波利斯还是在达拉斯，铺车道所需的技能都是一样的，所费的功夫本质上也相同。但两地其他工作条件可能不尽相同。尤其是，达拉斯相对温和的气候，使得铺路承包商整年都能稳定工作，但明尼阿波利斯的严冬，却令他们有好几个月都只能歇工（人们说明尼阿波利斯一年只有两季：除却 7 月，便是冬季）。如果冬天只意味着被迫赋闲好几个星期，那恐怕也算不上大障碍。可连续好几个月不能开展工作的话，要是承包商照达拉斯的标准索价，恐怕生存就成问题了。

按照亚当·斯密的补偿性工资差别理论，对于需要类似技能的岗位，工资会自动调整，使得职业条件趋于相等。倘若某个岗位的条件比另一个岗位更有吸引力，那么前者的工资往往会反向下调。亚当·斯密特别提及的一个合意条件便是“就业的连续性”。这一特性有助于解释为什么明尼阿波利斯承包商的工资比达拉斯要高。必须要有较高的工资，才能补偿明尼阿波利斯承包商不能在冬季开展工作的缺憾。

明尼阿波利斯铺车道的需求集中在较短的开工季节（假设人们希望车道在某年内完工，也就意味着必须在该年度的五六个月内完成），进一步说明了前述两个城市的工资差异的原因。

莱斯利·怀尔斯

为什么在高档餐厅，侍者的工资比助理厨师要高？

在高档餐厅，一名侍者一个晚上光小费就能挣好几百块，而同一餐厅的助理厨师却只能挣到几十块。对餐厅的成功而言，两份工作都很重要，但大多数人想必都认同，成为一名优秀助理厨师所需要的经验、天赋和训练，比做一名好侍者要多得多。那为什么侍者的收入反而要高得多呢？

除了必要的技能，特定工作的收入还取决于其他很多因素。不少需要熟练技能的工作，工资相对较低，是因为它们是迈入心仪工作的垫脚石。助理厨师的职位属于此列，侍者却不是。具备熟练技能的人愿意接受较低薪资去从事助理厨师的工作，是因为这个职位为晋身主厨提供了必要的训练和经验。而主厨是一个受人尊敬且收入优厚的职业。

反之，侍者却是一个终极岗位。不少侍者再也无法步入收入更高的岗位，即便有人做到了这一点，他们的成功也跟过去当过侍者没什么关系。

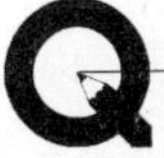

为什么大型烟草公司的 CEO 愿意宣誓作证，尼古丁并不会让人上瘾？

1994 年 4 月 14 日，在一场有关烟草产品管制条例的国会聆讯会上，美国七大烟草公司的总裁宣誓作证。他们一个接一个地宣称，自己坚信尼古丁并无成瘾性。然而，早有大量的科学证据显示，尼古丁是高度成瘾的，所以，这些 CEO 的证词遭到了公众的嘲笑和不耻。为什么他们愿意忍受如此的羞辱呢？

按照亚当·斯密的补偿性工资差别理论，忍受当众羞辱显然是一种令人不快的职业条件。毫无疑问，烟草公司 CEO 的薪资属全国最高之列。比如，菲利浦·莫里斯（Philip Morris）烟草公司的母公司奥驰亚集团（Altria），2005 年付给 CEO 的薪资是 1 813 万美元。

烟草公司总裁：任务恼火，工资较高？

为什么在同一公司的同一工作小组中，生产效率最低的员工，收入一般比自身创造的价值要高；生产效率最高的员工，收入却比自身创造的价值低呢？

竞争性劳动力市场理论认为，员工的收入与他们为雇主创造的价值相一致。然而，在大多数组织中，从事类似工作的员工，工作效率差异很大，工资却没有太大差异。从所做工作贡献的角度来看，一流员工的报酬偏低，而末流员工的报酬偏高。对末流员工来说，这笔交易似乎很划算。可要是一流员工报酬过低，他们为什么不改投工资较高的雇主门下呢？

乍一看，这种情况似乎暗示着桌上摆了免费的午餐。假设一家公司的一流员工值 10 万美元，但只得到 7 万美元的薪资，那竞争性公司可以马上付 8 万美元的工资挖角，2 万美元的利润就轻松入袋。所以，该员工的工资应该很快飙升至 10 万美元——如果他真能创造这么多价值的话。

为什么在人们的观察中，工资模式趋于稳定呢？要解释这一现象，可能首先要接受这样的假设：大多数员工愿意在工作团队内占据较高职位，而不喜欢较低职位。可并不是每一个喜欢高级职位的员工都能如愿以偿。毕竟，团队中必然会有 50% 的职位是低级职位。所以，一部分员工能够满意地占有高级职位的唯一方式，就是其他人愿意忍受低级职位所固有的不满。假设资方不能强迫员工违背个人意愿待在组织当中，那么，低级员工愿意继续留下来的唯一原因，必然是他们可以获得额外的补偿。

那么这种额外补偿是从何而来的呢？应该是来自对高级员工的隐性课税。如果这种税数额不算大，那么高级员工还是乐于继续待在公司里的，虽说他们到别处可能挣得更多；同时，低级员工也获得了足以补偿职位低这一负担的额外报酬。所以，每一家公司的薪资模式，在功能上都相当于一种累进所得税。

很多职业，在不同的公司有多种岗位可选。不介意职位高低的人，最好是到员工生产效率高的公司去，接受低级职位，享受额外薪资。其他重视高级职位的人，则最好是到平均生产效率较低的公司去，接受高级职位。

虽然劳动力市场和收银机、印刷机等商品市场有不少类似的特点，但也存在着重要的差异。例如，雇主不用担心印刷机会上班偷懒、下班偷拿办公用品。以下几个例子说明，这些差异可以解释不少有趣的薪资模式和雇用惯例。

多拉普·艾纳哈罗

为什么有些服务，我们给小费，有些却不给？

在美国，人们外出吃饭，按惯例要给提供良好服务的侍者相当于账单总额 15%~20% 的小费。但不少其他服务的提供者却并没有收小费的习惯。对于有些服务，给小费甚至是违法的。为什么会出现这种区别呢？

餐馆一开始引入给小费这种做法，是想把它当作一种鼓励优秀服务的手段。如果侍者提供的服务体贴又有礼，餐馆业主愿意付给他们较高的工资，因为获得了满意体验的就餐者很可能会再度光顾。故此，从侍者的角度来说，他们也愿意付出额外努力，作为对较高薪资的报答。问题在于，店主很难直接监督上菜服务的质量。把餐点稍微降点价，并告诉就餐者，如果对服务满意的话，应该留点小费给侍者，如此便能解决这个问题。毕竟，就餐者处于一个监督服务质量的绝佳位置。又因为大多数就餐者定期光顾同一家餐厅，前一次因为提供了出色服务而获得慷慨小费的侍者，在就餐者下次到来时一般会提供更好的服务。

餐馆行业的竞争压力，使得侍者很难因为顾客不多给小费就不提供良好服务。要是他们这样做，人们会选择到别的地方就餐。

可在其他场合，顾客享受不到类似的保护。比如，司机在机动车辆管理局受到了职员态度恶劣的待遇，即便内心不满却也别无选择。人们只有在迫不得已的情况下才会拜访机动车辆管理局。再说，能在管理局获得更好的服务当然挺不错，可我们更加不愿意该局职员以索取小费作为提供服务的前提。

山姆·提格雷夫

为什么有不少快餐厅承诺，要是你付钱时没拿到收银条，可以享用一顿免费餐点？

大多数到快餐店就餐的人并不需要报销餐饮账单，因此付款的时候很少想到要索取收银条。那么，为什么不少快餐店都在收款台前张贴着告示，提醒就餐者没收到收银条的话可以享用一顿免费餐点？

为防止员工偷窃行为，餐厅和其他零售商店的业主要求收银员做到现金和收银机上显示的总额相符。如果现金短少，收银员一般需要自掏腰包，弥补差额。

要想避开这一控制措施，收银员可以在一部分交易中不使用收银机。这种做法很管用，是因为餐厅很难监控每一台收银机上发生的交易次数。所以，倘若顾客点了20美元的饭菜，收银员不使用收银机，直接把钱装进自己的腰包，那么当天收工结账时，收银机里的现金和统计数据肯定是相符的。

店主可以聘用监工，确保收银员每笔交易都用了收银机。但这么做太费钱。谁没拿到收银条，谁就能获得免费餐点，通过这一经济刺激，店主就能让顾客免费帮自己监督收银员。

监督员工：顾客一般看得最清楚。

爱德华·拉泽尔

为什么员工的工资一般是随着工作年限增长，而不是随着工作效率的提高而增长？

提供长期就业岗位的公司，员工的薪资一般是随年限递增，而不是按其生产效率的提高而上浮。假设在该员工为公司效力的整个时期，平均薪资不超过平均生产效率，那么可得出结论，这种公司的员工，在事业初期获得的收入比个人价值要低，而在事业后半段获得的收入超过个人价值。

可一旦员工的薪资超过其劳动力价值，公司为什么还会留下他呢？

对于这一薪资模式，解释之一是，它的作用实际上相当于一种防止员工作弊和怠工的机制。光是在美国，员工渎职行为每年就要耗费公司数以亿计的金钱。如果公司能找到减少这种行为的方法，就可以支付给员工较高的工资，同时又赚取较高的利润。采用年限薪资制（即工资随年限增长的速度高于生产效率增长的速度），不诚实或者懒惰的员工肯定不愿意签订这样的就业合同。即便这种合同的薪资总额较高，可前几年的薪水却比其他地方要低，不诚实的员工肯定会担心，自己还没拿到后期的奖励工资就被炒掉了。反之，诚实的员工愿意接受这种合同，他们会待在自己的岗位上长久干下去，最终获得迟到的奖金。从公司的角度来看，如果它们不对诚实的员工履行合同，以后招募新员工就会碰到麻烦。

乔治·艾克洛夫

为什么雇主为了吸引到想要的高素质员工，或为了吸引到足够数量的员工，有时会提供高出标准的薪资？

竞争性劳动力市场理论认为，为吸引到合适的劳动力，雇主只需提供达到必要水平的工资即可。可在不少公司，每一个空缺的职位都会有无数高素质申请者竞争。难道这些公司不能支付较少的工资以赚取更高利润吗？

一个可能的原因是，提供奖励工资有助于确保员工的诚实行为。只拿到市场价格工资的员工，没什么道理担心失业。毕竟，在竞争充分的劳动力市场，符合市场价格的工作岗位数量基本上是稳定的。可有着奖励工资的工作岗位，却不是随随便便就能找到的。所以，有幸能得到这类工作岗位的员工，有着强烈的经济动机，尽其所能地保住这一岗位。尤其是相较于拿市价工资的员工，拿奖励工资的员工消极怠工的可能性很小。倘若公司能通过这种方式缓解怠工现象，那么，哪怕需要支付奖励工资，也仍能赚取利润。

奥库·纽库

为什么大多数公司必须要在正式下聘前对员工进行背景调查，而大多数 MBA 课程是在接受申请人入学之后才进行背景调查？

按惯例，在下聘之前，大型企业都会聘请私人公司对申请人进行背景调查。不少大学也会对申请进修专业硕士项目的人进行类似的背景调查。但跟公司的背景调查不同，大学背景调查一般是在申请人获得入学资格之后才进行的。为什么商学院不预先对 MBA 学员做调查，再决定是否允许其入学呢？

一个可能的原因在于，企业聘错了人的成本，比 MBA 招错了学员的成本要大得多。可倘若这样，为什么 MBA 项目最终还是要进行昂贵的背景调查呢？

专业硕士项目招募学员的流程，跟大型企业招聘新员工的流程大相径庭。希望进入专业硕士项目学习的人，大多会同时向多个不同学校提出申请——三四家“条件偏高”的学校，另外是录取概率比较高的学校，再加上几家很有把握的学校。因此，大多数学院都知道，自己接受的申请人，很可能也被其他地方录取了。到大企业找工作的人也可能会同时向若干家公司提出申请，但随着面试流程一步步展开，他们恐怕只能对一两个职位采取严肃认真的备战态度。背景调查是很费钱的，进行这种调查的 MBA 项目，一般都是在确定录取学员必定会到校就读（比如拿到了学员的保证金支票）之后才这么做。

大多数岗位都要求员工每个星期工作一定的小时数，以换取提前约定的固定周薪。可在有些岗位，员工要先把服务直接卖给公众之后才能获得报酬。下面两个例子阐述了员工在这类岗位上所面临的抉择。

凯利·博科、克里斯·弗兰克

为什么独立音乐人，尤其是最有天赋的那些，偏爱音乐免费共享程序，而已经成名的艺人却往往反感这种程序？

1999 年 Napster（一种点对点传输的音乐共享软件）掀起第一波互联网音乐共享潮流时，诸如金属乐队和麦当娜这种成名艺人，立刻对其展开声讨。反之，很多有抱负的独立音乐人却对共享软件拍手喝彩。为什么独立音乐人这么热心地想看到自己的歌广为流传呢?

由于已成名艺人通过 CD 的销售可获得相当可观的收入，所以他们对消费者免费获得其音乐的做法表示反对，这是可以理解的。独立音乐人面对的情况截然不同。这些音乐人没有吸引到大量粉丝，故此并不期待能从 CD 销售额中分得可观提成。又因为演出机会极为有限，但参与竞争的独立乐团却有几万个，出头的概率十分渺茫。当然，如果一支乐队素质足够好，最终是可以在本地音乐市场走红，但真正困难的是从地方性乐队变成一支在整个区域受欢迎的乐队。共享软件似乎能加快这一进程。本地歌迷可以用电子邮件把歌曲发送给附近城市的朋友，最出色的乐队到外地市场演出的机会也就变得多了起来。

即便独立乐队的歌曲能在网上免费下载，但只要它能在整个区域走红起来，仍然可从 CD 销售额中分享可观的收入。看到网上有主流商业品牌下的艺人专辑免费下载，死忠乐迷会毫不迟疑地动手开干，但要是看到有自己最心仪的独立乐团的 CD 出售，他们也会主动掏腰包。

简而言之，各种艺人对音乐共享软件的态度，从经济上来看是合理的。

已成名艺人会因为它蒙受损失，而独立音乐人——尤其是最出色的那些却能得到好处。

琳达·巴布考克、科林·凯迈尔、乔治·罗文斯顿和理查德·泰勒

为什么下雨天出租车司机却提前下班？

在大多数大城市，天气好的时候很容易就能拦到出租车，可要是碰上下雨天，想找空车可就难多了。最明显的一个原因当然是，不少在天气好时愿意走路的人，碰上下雨天宁愿乘出租车。所以，下雨天出租车更容易满载。但一部分出租车司机在雨天会提前收工，造成出租车供应量减少，这也是一个原因。为什么有出租车司机提前收工呢？

根据最近的一项调查来看，原因在于不少出租车司机每天挣到了目标收入后就不愿再干了。在晴天，他们大半的时间都必须开着车到处寻找乘客，所以达到目标金额耗时更久。可在雨天，由于出租车大多数时候都满载，他们能更快达到目标金额。

出租车司机在雨天早收工，从经济利益的角度来看是不划算的。毕竟在晴天早收工 1 小时的机会成本比雨天要小。如果出租车司机的目标是，在一段较长的时期内——比如一个月吧，工作时间尽量短，同时又让收入达到目标水平，那么应当在雨天尽量多干活儿，而在晴天多休息。

除非你的时间的机会成本是零，否则，自己割草坪和熨衣服总要耗费你点什么。不管是个人还是公司，都要决定是自己提供服务，还是将之外包给

他人。下面的例子阐述了不同环境下决定是“自己动手”还是“请别人做”的经济学原因。

提摩西·阿尔德

为什么如今聘请专业人士帮忙换轮胎的做法越来越普遍?

有个学生询问了自己的 16 名亲戚，问他们是否知道如何换轮胎，有 9 人回答不会，剩下的 7 人说会，但其中又有几个人承认自己从来没换过。此外还存在这样一个清晰的模式：9 名回答不会换轮胎的人，比回答说会换的那 7 个人都要年轻。为什么掌握换轮胎技能的人越来越少了呢?

要从经济学的角度回答这类问题，首先要看相关成本和效益上出现的变化。学习如何换轮胎的成本，在过去几十年里似乎并未出现太大变化，而且由于支撑汽车用的千斤顶在设计上有了改进，其成本甚至还稍有下降。

但学习如何换轮胎所带来的效益，则出现了显著的变化。一是轮胎设计上的改进，使得轮胎漏气的情况比过去要少得多。不少汽车还装有防漏气轮胎，即便轮胎气压低得不像话时，汽车也能安全行驶。还有一个显著变化是，现在大多数人开车都带着手机，哪怕维修人员距离很远，呼叫起来也很方便。

考虑到以上两点，学习如何换轮胎的效益较之从前变得少了。轮胎质量更好，用得上这项技能的机会比从前少得多，即便轮胎漏了气，找人帮忙也容易。出于这样的变化，不少年轻司机似乎认为，学习如何换轮胎的效益比不上为此付出的成本。

詹姆斯·贝雷特

为什么公司宁愿出高价雇用临时的管理顾问，也不愿以较低的薪水聘用全职管理人员？

企业采用管理咨询公司的服务时，不仅要支付顾问的工时费，还要付给咨询公司一笔高昂的酬金。很多咨询公司，每付给顾问一美元，自己就收三美元。为什么客户企业不直接聘用额外的管理人员以节省开支呢？

一个可能的原因是，管理咨询服务就好比电力公司用来满足高峰用电需求的昂贵发电机。电厂能靠着普通负荷的发电机满足大部分需求。发电机这种设备，买起来很贵，但维护费用相对较低。用这种昂贵设备满足短期的高峰需求，得不偿失，因为它大多数时候都闲置着。所以，电厂会用高频发电机弥补用电高峰期发电不足的部分。较之普通发电机，高频发电机运营成本较高，可买起来更便宜。

同样，企业内部对管理服务的需求，并不是随时都处于满负荷水平的。所以，大多数公司会雇用自己的全职管理人员，提供大部分日常管理服务，而在短暂的高峰期外聘管理顾问。的确，咨询服务每个小时的成本比内部雇员的管理时薪要高得多。可假设对管理服务的高峰需求期足够短，外聘昂贵顾问还是要便宜一些。毕竟，要是改用额外聘请内部管理人员的做法，一旦过了高峰期，他们就无事可做了。

还有一个可能的原因是，企业愿意用优厚报酬聘请管理顾问，是因为他们知道，存在争议的商业战略倘若由受人敬重的外部顾问发起，会更容易加以执行。比如，有一家公司产品销售不景气，管理层明知道要裁员，但害怕采取此举会给剩余员工的士气造成负面影响。在这种情况下，告诉员工裁员并不是管理层的主意，而是麦肯锡咨询公司提的建议，员工接受起来大概会容易一些。

为什么明明内聘律师只需一半价钱，但电厂却愿意长期外聘高价律师？

纽约州北部有家电厂，每年向芝加哥一家律师事务所支付 100 万美元的酬金，换取该所资深律师的全职服务。但该律师事务所付给那名资深律师的年薪不超过 50 万美元。为什么电厂不直接聘请这位律师以节省 50 万美元呢？

和所有受政府管制的公司一样，电力公司会雇用大量永久编制的律师，在管理机构介入前处理自己的诉讼案。由于此类案件大多是常规性的，一般年薪不到 10 万美元，就能雇到经手的内部律师。但电厂还有一小部分风险极大的法律诉讼。对于这类案件，经手律师在法律专业上的细小差异，就可能意味着对股东红利造成一年数百万美元的波动。因此，电厂显然需要聘用最顶尖的律师来负责这种案件，哪怕付出高薪也在所不惜。

但以 50 万美元的年薪雇用内部律师，那些挣得少的内部律师必然要求提高自己的报酬。考虑到应对这些要求的成本，还是用 100 万美元聘个外部顾问更划算。

本章最后一个例子阐述的是，**专业人士所得的服务报酬，可能会影响他们提供的建议。**

假使患者膝盖疼痛，如果他用的是传统健康保险，较之 HMO 保险，医生叫他接受 MRI（核磁共振）检查的可能性更大。这是为什么呢？

按照传统的健康保险契约，医生为患者提供的每项服务都会根据预先确定的费用列表获得报酬。他们提供的服务项目越多，拿到的钱也就越多。

反之，在标准的HMO[①]中，医师对每位患者收取固定的年费，同时承诺为患者提供最符合其利益的服务。在HMO契约下，不管患者接受了多少服务，医生都获得同样的报酬。

毫无疑问，不管在哪种契约下工作，大多数医生肯定会根据患者的病情，尽其所能满足其需要。但总会有一些模棱两可的病例。比如，患者膝盖疼痛，简单地给膝关节做个支架，休息几个星期就能有明显改善。但昂贵的MRI检查，说不定能发现急需手术治疗的结构性损伤。在这种情况下，HMO医师就要承担检查的成本（倘若真的需要做手术，手术成本也得由医生承担），所以他们必然偏爱观望策略。而在传统健康保险契约下工作的医生，碰到同样的患者，显然有更强烈的动机立刻进行MRI检查。

The Economic Naturalist

本章小结

- **竞争性劳动力市场的基本原则：雇员的工资与他们为雇主在盈亏平衡点之上所创造的价值大致成正比关系。**
- **在劳动力市场中，特定工作的薪资取决于其特性。**
- **专业人士所得的服务报酬，可能会影响他们提供的建议。**

① HMO（Health Maintenance Organizations），即健康维护组织，是美国常见的医疗保险形式之一，属于管理型医疗保健的一种，优点是费用便宜，实际上是针对中低收入人群的一种医疗保险。——译者注

THE ECONOMIC NATURALIST

04

折扣中的经济学

IN SEARCH OF EXPLANATIONS FOR EVERYDAY ENIGMAS

- 为什么酒店附设小酒吧内的商品价格那么贵？
- 为什么家用电器零售商会在炉具和冰箱上敲出凹痕？
- 为什么黑色的苹果笔记本电脑比同样规格的白色笔记本电脑贵 150 美元？
- 为什么购买音乐会套票要便宜得多？
- 为什么机票现买价更高，而百老汇演出的门票现买价却更低？
- 普通“杯”的容量是 8 盎司，可为什么星巴克最小杯的咖啡叫作“高杯”，容量是 12 盎司？
- 为什么从堪萨斯到奥兰多的往返机票价格，比从奥兰多到堪萨斯的往返机票价格要低？
- 为什么很多餐厅都为饮料提供免费续杯？
- 为什么廉价航班的飞机餐要收费，而豪华航班一般免费；豪华酒店上网要收费，廉价酒店则多免费？
- 为什么不少游乐园里最受人欢迎的游乐项目前总排着长队，游乐园却并不对之额外收费？
- 为什么顾客临时取消预订，租车公司不另收费，而旅店和航空公司却要收取昂贵的取消费？

一价定律最适合的是完全竞争的市场——大致说来，也就是像食盐和黄金这样的市场，无数供应商贩卖高度标准化的产品，但也有很多产品并不在完全竞争的市场中出售。例如，虽然同一类型的电影似乎都差不多，但各地电影的上映并不是标准化的产品。不同的电影院位置不同，放映时间也不同，从某些方面来说，每一场电影都是独一无二的。再说了，常看电影的人，有谁会认为《卡萨布兰卡》（*Casablanca*）是《惊声尖叫》（*Scream*）的完美替代品呢？

由于一价定律不适合电影放映市场，所以，对于电影票价高低不同，经济学家并不感到惊讶。比如，同一部电影的日场票价一般比夜场便宜，因为下午有空看电影的人总比晚上少。

影院老板还经常给特殊群体（学生、老人等）打折，因为他们认为，这些人对价格更为敏感。与黄金和食盐不一样，电影票无法随意转售。年轻人不可能买一张学生票，然后再把它卖给成年人，以从中牟利，因为只有拿着学生证的人才能使用折扣票。倘若卖家提供的是一种体验，而非切实的产品，那么从本质上来说，套利的机会是有限的。这就好比，一个学生看了一场电影，他不可能把自己的体验转卖给别的成年人。

但在实际的产品（尤其是昂贵产品）市场中，套利的可能性限制了垄断者向特殊买家索取高价的能力。比如，对于只穿 Manolo Blahnik 这一品牌鞋子的女性来说，伯拉尼克完全是个垄断商。即便如此，买家之间转手交易的可能性，也使得公司无法根据每名顾客的意愿来索价。与此相类似，同样的爆米花，影院老板不太可能卖给成年人是 5 美元，卖给学生却是 2 美元，因为肯定会有学生用折扣价买了爆米花之后再卖给成年人，从中赚取差价。

虽说转手套利的可能性限制了卖方对同一产品索取不同价格的可能，但为了突破这一局限，他们想出了各种机智对策。不少诀窍都具备一个共同点：**卖家允许顾客以折扣价购买，但前提条件是顾客必须首先跃过某种门槛。**最常见的例子是短时贱卖。愿意付出此种努力的买家，得知打折开始，就不怕麻烦地专门赶过去买，从而享受折扣价。不愿费劲的顾客则要支付较高的价格。

看过卖家为不同定价设置门槛的例子，你一定会发现，不管什么商品，卖家多少都要用到此类手段。几年前，我到明尼阿波利斯开会，启程之前，我预订了一家宾馆，房费大概相当于 200 美元。办理入住时，我注意到前台接待员背后有幅海报上说："记得询问我们的特价。"我很好奇，问过之后，对方告诉我，我可以拿到 150 美元的房间。

这里，我为了获得折扣所要跃过的门槛是问一个简单的问题。由于这个门槛太容易清除，我不禁想，怎么会有人不问问看呢？结果，前台职员告诉我，大多数人都没注意过。

从卖方的观点来看，设置折扣门槛的做法管用是因为，对价格极度敏感（甚至说不定没有折扣就不买）的潜在买家会发现，门槛很容易跳过，而其他对价格不那么敏感的顾客则会觉得困难，甚至干脆觉得不值得费功夫。邀请顾客询问特价的海报，最终让我节约了 50 美元房费。然而，对于某些没有提前预订的客人，它仍然算得上是一个有效的门槛。一些客人恐怕会觉得询问特价不体面，对价格也并不敏感。还有一些客人，比如能报销房费的商务人士，根本就不在乎。

本章的头两个例子阐述了设置折扣门槛的具体方法。

克恩・威尔森

为什么酒店附设小酒吧内的商品价格那么贵？

如果你想在曼哈顿帕克・梅迪安（Parker Meridian）酒店的小酒吧里买一瓶依云矿泉水，你得花 4 美元。但你要是愿意走到拐角的杜安连锁店，花 99 美分就能买到一瓶。为什么酒店附设小酒吧内的商品价格贵得这么离谱呢？

一家专业连锁店，卖任何东西都比非专业店便宜。毕竟，连锁店的商品销量大，能够利用专业化实现高效率。这大概可以说明，连锁店卖 1 美元一瓶的矿泉水，酒店卖 2 美元才能维持成本。但不管怎样，说酒店的成本比连锁店高 4 倍，实在叫人难以信服。

小酒吧的价格如此之高，更说得过去的原因大概是因为，酒水的销售是酒店采用的一种间接手段，借以为价格敏感的顾客提供折扣。为了实现客房的高入住率，酒店必须用有竞争力的价格提供客房。例如，不少酒店在网上预订价格较低，原因在于互联网用户比其他购物者对价格更为敏感。

由于酒店行业竞争异常激烈，酒店的利润率并不太高。为了向价格敏感的客人提供更大的折扣，酒店必须想办法从其他客人那里寻找额外收入。酒店完全明白，小酒吧东西价格高得离谱，肯定会使不少客人什么也不买。但他们同样知道，对价格不那么敏感的客人并不会被小酒吧高昂的价格吓跑。从这部分客人身上获取的额外利润，可以帮助酒店在房价上打更大的折扣。本例中，酒店设置的折扣门槛是要住客放弃在小酒吧买东西的便利性。采取这一做法，酒店降低了房价（低房价是靠小酒吧开高价才实现的）。

谢林·多哥内利

为什么在银行之间电汇要比用支票汇款贵得多？

如果有人欠你 1 万美元，要把这笔钱从她的银行账户转到你的银行账户，至少有两种选择。她可以寄给你一张支票，之后，由你的银行将这笔钱免费存入你的账户。她也可以让她的银行把钱汇入你的账户，这时，你的银行会向你收取一笔费用，美国国内转账一般是每次 15 美元。处理支票存款的成本其实更高，银行却不收费，为什么收到电汇反而要收费呢？

处理支票，必须过手、扫描，很多时候甚至还需要寄送书面文件。要等钱实际到账，可能要好几天时间。而使用电汇的方式，到账差不多跟光速一样快。银行的职员把相关信息输入电脑，寄送方和接受方的账户金额瞬间即被调整。

银行电汇收费更高，顾客选择用这一方式汇款，是因为快速转账对他们具有重大的价值。支票转账的金额一般较小，所以拖延几天拿到钱，一般不会造成什么严重后果。反之，电汇涉及的金额往往很大，多为商业交易所急需的资金。由于消费者看重交易的速度，银行发现，他们可以从中收取可观的费用。

所以，要想节省电汇的费用，你需要跃过的门槛是：要等几天支票才能到账，之后你才能使用这笔钱。

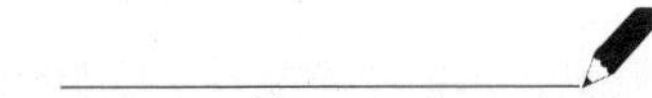

下面，让我们来谈谈折扣所带来的效率增益。假设我们把三年级一个班上的学生叫出来，按个子高低给他们排队，最高的排第一，第二高的排第二，以此类推。然后又让学生们按顺序回到教室，每隔 5 分钟进去一名。那么，每进去一名学生，教室里学生的平均身高会发生什么变化呢？显然，由于后进去的学生总比先进去的学生要矮，所以教室里学生的平均身高会越来越低。

这一模式，跟一种与市场定价模式有重大相关性的成本模式很类似。在不少生产流程中，边际成本比平均成本（指生产者的总成本除以生产的总单位量）要低。这种成本结构，是所谓"规模经济"生产流程的特点。对这种流程来说，平均成本随产品单位产量的增加而下降，正如后进教室的学生比先进去的学生矮，使得教室里学生们的平均身高下降一样。

要想长期维持下去，生产者必须以不低于平均生产成本的平均价格卖出产品（倘若每单位的平均售价低于平均成本，则生产者必然要蒙受损失）。但很多时候，以低于平均成本的价格出售一部分产品，对生产者而言是有利的。只要能以比边际成本高的价格多卖出一单位产品，生产者的利润就会增加。当然，这里的前提是，不需要因为这么做而对其他买家降价。

凡是具有规模经济生产流程的卖家，都必然会用到设置折扣门槛这一工具。给那些对价格敏感的买家折扣，同时无须对其他顾客降价，能推动生产者扩大规模，降低平均生产成本。

在任意两个城市之间提供航班服务，是一种具有规模经济效益的生产流程。航空公司运送的乘客越多，平均成本也就越低。原因之一是，从每个座位飞行里程的平均成本来看，大型飞机比小型飞机要低。比如，一趟典型的国内航班，180 座的波音 737-900ER 型飞机的每座平均成本，就比 110 座的 737-600 型飞机低 25%。飞机越大，有效的每座飞行里程的平均成本越低。还有一个因素在于，不管搭乘了多少名乘客，特定航班的成本是固定的。繁忙机场的准入成本和稀缺的着陆、起飞位置成本都属于此类。所以，只要航空公司能吸引更多乘客搭乘自己的航班，就能大幅降低运输每名乘客的平均成本。

折扣会帮助卖家吸引到更多顾客。最有效的折扣门槛之一是超级套餐（SuperSaver）机票，它要求乘客搭乘周六的夜航飞机。航空公司的营销主管早就知道，商务人士对机票价格的敏感度远不如普通游客。而且，商务人士一般希望周末能和家人一起过。反之，普通游客的行程，却至少会包含一个周末。超级折扣套餐要求乘客搭乘周六夜航班机，使得航空公司设置了一个近乎完美的门槛：商务人士很少有愿意迎合这一限制的，而大多数游客无须费力就能满足它。

商务人士经常为自己买的机票价格比邻座度假者的高而感到气愤。然而，利用周末过夜的门槛，航空公司甚至也能为商务人士创造净利润。

在航空旅行市场，便利的时间安排对商务人士具有极高的价值。但任何两个城市之间的航班市场，潜在交通量是有限的。只有采用每座平均成本较高的小型飞机，航空公司才能经济地提供更频繁的飞行班次。而大多数游客则乐于牺牲频繁班次带来的便利性，以换取班次较少的大型飞机才能实现的较低价格。

由于周末过夜门槛的存在，倘若航空公司向所有人收取同样的费用，两类乘客都能享受到更好的服务。为方便吸引更多普通游客，这一门槛允许航空公司采用更大型、更经济的飞机。由此节省的费用，减少了维持商务人士所需频繁班次带来的额外成本。与此同时，普通游客也以平常大型喷气客机才有的较低票价，享受到了频繁班次所带来的便利性。

由于商务人士不能满足周六过夜的要求，于是收取他们较高的费用，这是否有失公平呢？如果商务人士不需要频繁的班次，航空公司可以采用比现在更大、更经济的机型。所以，商务人士支付的较高费用，至少部分地反映了为迎合其需要所采用的每座成本较高的小型班机。

当然，折扣门槛不可能绝对公平地分配航空公司的成本。比如，一些普通游客需要频繁班次，也愿意出高价。但因为他们能满足周六过夜的要求，于是用不着出高价。同样地，只要票价够低，一些商务人士愿意忍受不太频繁的班次。可不管怎么说，航空公司当前采用的价格制度，大致上是公平的。

以下几个例子探讨了一些有助于生产者和消费者共享规模经济节约成本的定价策略。

为什么家用电器零售商会在炉具和冰箱上敲出凹痕？

有一小部分家用电器，在制造商运送给零售商的过程中，会出现细小的碰撞损伤。零售商并不将这些电器送回工厂修理，而是直接降价卖掉。西尔斯百货商店早就采用了这套“瑕疵品降价卖”的做法。

然而，最近有报道说，特卖会开始前几天，西尔斯百货商店会让库房职员在原本毫无瑕疵的电器边上敲出凹痕来。这些报道是谣传吗？还是想要获取利润的零售商出于合理的经济理由，故意破坏一部分商品呢？

在瑕疵电器特卖会上，经常出现供不应求的现象。

再说一次，任何打折安排的目标，都是向那些不会以标价购买产品的潜在顾客提供一个价格突破口，同时尽量少让其他买家利用折扣。电器零售商大概在偶然间发现，冰箱上的些微瑕疵，是一道分隔顾客的完美门槛。要参加瑕疵品特卖会，顾客必须迈过三道坎。首先，他必须不怕麻烦，找出特卖会何时举行；其次，他必须记住日子，在那天专程赶到特卖会；最后，他必须容忍冰箱有瑕疵的事实（哪怕瑕疵对着墙，一旦放好后谁也看不见）。大多数高收入者连迈过一个门槛都懒得做。但诚如西尔斯百货公司的发现，有大量对价格敏感的购物者很乐于清除上述三大门槛。

这样一来，要是在运输过程中碰撞出瑕疵的电器数量不够多，零售商很自然地会在特卖会开始前一天，叫员工拿着铁锤，到仓库去特意敲点瑕疵品出来——只要这么做有利可图。这种做法提高了电器销售额，减少了每单位电器的平均成本，从而创造了为所有顾客提供更低价格的可能性。

克里斯·弗兰克

为什么黑色的苹果笔记本电脑比同样规格的白色笔记本电脑贵 150 美元？

2006 年 7 月 1 日，苹果公司的网站上公布了该公司 13 寸苹果笔记本电脑的价格。传统的白色机型卖 1 299 美元。但同一型号的黑色机型则卖 1 499 美元。仔细一看，用户可发现，黑色机型配备的是 80G 硬盘，比白色机型的标配硬盘大 20G。情况似乎并无神秘之处：配置较好的机器价格自然更高。但再仔细看看，白色机型也可以选配 80G 硬盘。加价多少呢？仅仅 50 美元。这样一来，谜题出现了。为什么生产成本一样，但黑色机型却比白色机型要贵 150 美元呢？

苹果公司的定价策略，无疑是受了 2005 年秋 iPod 黑色版上市后大受欢迎的影响。一开始，黑色 iPod 的价格和传统的白色 iPod 价格一样，技术指标也一样，但对黑色机型的需求，立刻耗尽了公司的库存，尽管白色款尚有现货。由于黑色款新出，有特色，使得买家更愿意预订它。由于两款机型定价一样，苹果公司把热钱放到了桌上。到 2006 年引入新款苹果笔记本电脑时，公司学乖了。它对黑色机型索价更高，不过，的确有理由这么干。

黑色机型索价更高是否不公平呢？和提供航空旅行服务的平均成本一样，电脑公司生产电脑的平均成本也是随着单位产量的增加大幅下降的。这主要是因为，公司的研发成本，并不随产量的变化而变化。所以，公司可以以低于平均成本，但高于边际成本的价格销售部分产品，增加利润。但为了给研发成本上个保险，公司必须以高于平均成本的价格，销售其他产品。

在一个公平的世界里，那些最喜欢该公司研发部门设计的新颖功能的用户，会承担相当大一部分成本。这些用户是什么人呢？对价格最不敏感的买家，他们大部分都愿意以高价购买新机型的时髦特性。研发项目给所有买家都带来了好处，但给那些愿意为了新特性多出钱的用户带来的好处最大。黑色机型的高定价，是辨别此类买家的一种残酷机制。只要这一门槛能发挥作用，购买较贵黑色机型的买家就没什么抱怨的余地。

迈克尔·李

为什么购买音乐会套票要便宜得多?

和大多数其他精英交响乐团一样，芝加哥交响乐团的演出，既卖单场票，也卖各种不同的套票。套票的意思就是买家要一次购买一系列演出票。这种票的价格比单场票价低 35%。为什么套票这么便宜呢?

这种定价形式能帮助交响乐团把每场演出的固定成本分散到较多的听众身上。假设芝加哥交响乐团安排了两场系列演出。第一场表演柏辽兹[①]和柴可夫斯基的音乐，第二场表演巴托克[②]和斯特拉文斯基[③]的音乐。我们再假设这两场演出的潜在听众由人数相等的四种群体组成。第一种人是浪漫主义音乐的狂热爱好者，对第一场演出他们每人都愿意花 40 美元，但对第二场他们只愿意花 20 美元；第二种听众更喜欢新古典主义音乐，对第一场演出，他们愿意花 20 美元，对第二场则愿意花 40 美元；第三种人是柴可夫斯基的狂热支持者，第一场音乐会他们愿意出 45 美元，第二场则只愿意出 5 美元；第四种听众是斯特拉文斯基的狂热支持者，第二场演出他们愿意出 45 美元，而第一场则只愿意出 5 美元。

综合潜在听众对上述两场演出的重视程度，在定价的时候，最好是单场演出的票价 40 美元。在此价格下，浪漫音乐爱好者和柴可夫斯基迷可能只出席第一场音乐会，新古典主义爱好者和斯特拉文斯基迷则参加第二

① 法国作曲家，法国浪漫乐派的主要代表人物。——译者注
② 20 世纪匈牙利现代音乐的领袖人物。——译者注
③ 美籍俄国作曲家、指挥家，西方现代派音乐的重要人物。——译者注

场音乐会。倘若每种听众的人数都是 100 名，那么每场音乐会的听众就是 200 人次，门票总收入为 16 000 美元。

现在，剧院方面打算提供两场音乐会的套票。此时，单场演出票价 45 美元（比之前多 5 美元），而套票则为两场 60 美元，那么单场票价则为 30 美元（比之前少 10 美元）。这样一来，柴可夫斯基迷还是只听第一场，斯特拉文斯基迷还是只听第二场，跟刚才一样。可有了套票，浪漫音乐爱好者和新古典主义爱好者说不定两场都愿意听。所以，虽然浪漫音乐爱好者听第一场音乐会所付的票价比之前少了 10 美元，但由于他们出席了第二场音乐会，给剧院方面带来了 20 美元的净利。同样的，新古典主义爱好者听第二场音乐会少花了 10 美元，但他们出席了第一场音乐会，又为院方带来了 20 美元的净利。

为了承担演出成本，大多数交响乐团每年都在争取实现足够的门票收入。提供套票有助于他们解决这个问题。还是假定每类听众有 100 人，剧院经理现在的总门票收入是 21 000 美元，比之前的算法多 5 000 美元。这就是提供套票价所蕴含的内在逻辑。

格拉斯莫斯·埃弗斯尼托斯

为什么机票现买价更高，而百老汇演出的门票现买价却更低？

戏剧迷下午到纽约时代广场的售票窗口，能以半价买到当天晚上不少百老汇演出的票。但要是有人预订当天的飞机票，就只能出高价，售价比平时高一倍都有可能。如何解释这样的差异呢？

飞机起飞时或幕布升起时还剩有空座，意味着收入上的一笔恒久损失。航空公司和剧院都有尽量填满空位的强烈动机。与此同时，以折扣价填满一个座位，往往意味着失去其他人出全价购买同一个座位的机会成本。所以，航空公司和剧院要克服的营销难题是，尽量填满座位，又不至于在每座平均收入上做太大牺牲。

Photo by June Marie Sobrito.

时间机会成本高的人，不太可能排队等打折。

在航空业，营销主管早就发现，较之于度假游客，商务人士在临行前一刻变更出行安排的可能性更大，而且对票价较不敏感。故此，航空公司的策略是，对最后一刻才买票的乘客（大部分都是出公差的）收全价，而对提前订票的乘客（主要是度假游客）打折。

剧院业要面对的均衡势力略有不同。和航空业一样，高收入者比低收入者对票价要麻木得多，但看戏剧的高收入者一般都不愿意在最后一刻才买票。事到临头才在售票口买半价票的观众要面对两道门槛：一是需要一两个小时的排队。高收入者大多不愿只为了省几个钱而这么做；第二点，也是更重要的一点，只有少数剧目（一般都不是特别受欢迎的剧目）有折扣票卖。高收入者时间的机会成本高，他们好不容易腾出一个晚上的宝贵时间看剧，当然只想看自己最想看的剧目。而对价格更敏感的低收入观众，这两道门槛都比较容易迈过。要是不能在售票窗口排队买半价票，他们说不定根本不会去看百老汇表演。

虽说上述两种情况下门槛截然不同，但都能达到填满更多座位的效果（从而减少为每名乘客服务的平均成本）。倘若没有这些门槛，服务平均成本会更高。

强迫买家跳过门槛，获得享受折扣价的资格，必定需要买家付出能够跳过该门槛的努力。**但在某些情形下，折扣门槛只不过是需要掌握一定的信息。一旦你掌握了这种信息，就能享受到较低价格，又无须付出额外努力。**

詹妮弗·安德森

普通“杯”的容量是8盎司，可为什么星巴克最小杯的咖啡叫作“高杯”，容量是12盎司？

星巴克是全世界最大的现磨现泡咖啡连锁店。自1999年以来，该公司出售的咖啡分为3种规格：高杯（容量12盎司），大杯（16盎司）和超大杯（20盎司）。但从技术上来说，普通的一杯咖啡，应该为8盎司，6盎司亦可。连星巴克自己的冲泡咖啡说明书上也写着：“我们建议，每6盎司水冲兑两汤匙研磨咖啡。”那么，为什么星巴克不卖标准杯咖啡呢？

实际上，星巴克是卖的。如果你找服务生要“小杯”，就能得到传统的8盎司杯装咖啡。但该店的售卖单上并未列出“小杯”，而知道这一点的顾客也很少。

“小杯”是该公司折扣最大的咖啡。小杯卡布其诺的售价比12盎司的高杯少30美分，但浓咖啡的量是一样的，又因为它包含的奶泡较少，味道更为浓烈，不少咖啡迷都喜欢。

星巴克营销“小杯”的秘密方式，使它成了一种歧视性门槛价格。阻止对价格不太敏感的顾客购买打折“小杯”咖啡的门槛，是大多数人根本不知道“小杯”的存在。在大多数市场，为了发掘最划算的交易，对价格敏感的顾客会付出比其他人更多的努力。如果你是个对价格敏感的购物者，很可能会碰到这样的情况：至少有一个朋友会发现星巴克“小杯”咖啡的秘密，并把它告诉你。与此同时，对价格不那么敏感的顾客则继续安于享受 20 盎司的“超大杯”。

并不是所有价格歧视的例子都包含折扣门槛。比如，假设一家餐厅对 65 岁以上的就餐者提供半价晚餐，那么，35 岁的就餐者就迈不过这道坎，达不到享受这一折扣的资格。经济学家多把这一类的价格歧视视为单纯的细分市场，在此例中，划分原因在于：老年人的平均收入比其他成年人要低。

凯伦·赫特尔

为什么从堪萨斯到奥兰多的往返机票价格，比从奥兰多到堪萨斯的往返机票价格要低？

倘若你住在密苏里的堪萨斯城，想在 2006 年 12 月 15 日飞到佛罗里达的奥兰多，并于一周后返回，那么，你在 Expedia.com 能找到的最低往返票价是 240 美元。可假设你住在奥兰多，想在同一天飞去堪萨斯城，最低的往返票价则为 312 美元。上述两条路线，乘客搭乘的飞机消耗同样多的燃料，享受同样的飞行服务。为什么机票价格竟然不相同?

如果你是从堪萨斯城飞往奥兰多，你很可能是要去度假。你可以选择去许多不同的地方——夏威夷、巴巴多斯或者坎昆，等等。由于度假者有许多目的地可以选择，航空公司必须激烈地争夺此类生意。既然较大型的飞机飞行成本更低，航空公司有着充分的理由用较低的票价，锁定对价格更为敏感的顾客——也就是度假者，从而填满飞机上的空座。

可要是你从奥兰多飞往堪萨斯城，多半是因为出差，或是因为家庭原因而出行。你没有别的目的地可选。选择不多的买家，对价格不会太敏感。因此，从奥兰多出发的旅客愿意支付的机票钱更多。

下面几个例子讨论的是刺激卖方提供免费或降价商品（或促销品）的外在条件。

迈克·赫德里克

为什么很多餐厅都为饮料提供免费续杯？

已故的乔治·伯恩斯（George Burns）曾讲过，有位企业主，他说他每卖一样东西都亏不少钱，全靠量走得大赚回来。当然了，真靠这种做法，什么企业都维持不长久。所以，饮料免费续杯的常见做法就成了一个谜。餐馆怎么可能提供这种服务又不亏本呢？

大多数企业都要卖不少货物。要想维持经营，企业用不着对每一件货品索取高于其成本的费用。相反，它只需要使总收入等于或超过所卖货品的总成本即可。所以，要是主菜、甜点和其他物品已经包含了足够的利润率，餐馆当然可以提供免费续杯服务，同时又不亏本。

但为什么餐馆会想要提供免费续杯服务呢？从餐馆的角度来看，这种做法的存在，与完全竞争的逻辑相矛盾。该逻辑认为，顾客会支付自己购买的任何额外商品或服务的全部成本。

但竞争其实并不充分。和很多其他行业一样，在餐馆业，随着就餐人数的增长，为顾客提供服务的平均成本会下降。这也就是说，餐馆提供膳食的平均成本，比一顿膳食的边际成本要高。由于餐馆为每顿膳食索取的费用，必须要高于该顿膳食的边际成本，那么，只要能吸引到额外的主顾，餐馆的利润就可增加。

现在，让我们想象一下最初的情况：所有的餐馆都不提供免费续杯服务。假设此时有一家餐馆开始这么做，情况会怎么样呢？在该餐馆享受到了免费续杯服务的就餐者，会觉得做了一笔划算交易。随着口碑流传开来，该餐馆很快会发现，自己的顾客比从前多得多了。虽然续杯服务会增加一定成本，但这部分成本相当低。

要使这一做法获得成功，餐馆在多卖出的膳食上所获取的利润，必须超过免费续杯的成本。而由于餐馆在多卖出的膳食上的利润率极可能超过它为免费续杯所承担的成本，餐馆的整体利润就会出现增长。

看到该餐馆在免费续杯服务上获得成功，竞争餐馆肯定会争相效仿。随着这么做的餐馆越来越多，第一家餐馆就餐者的增幅会逐渐变小。如果所有的餐馆都开始提供这一服务，每一家餐馆的业务量，就跟从前它们都不提供免费续杯服务时差不多了。又因为餐馆业的利润率一般都很薄，对不少餐馆来说，免费续杯似乎预示着亏损。

倘若上述过程当中，每顿膳食的价格一直保持不变，的确会造成损失。可由于有了免费续杯服务，就餐者在就餐过程中，获得了比从前更多的净利，因为他们现在一文不花，就获得了从前要几美元才能买到的续杯服务。就餐者在就餐过程中得利更多的事实，促使餐馆提高了膳食的价格。等一切尘埃落定，膳食的价格应当会大致提高到足以涵盖免费续杯成本的程度。

另一个需要考虑的因素是，一杯只值几毛钱的冰茶、软饮料加苏打水一类，餐馆一般要收两美元。要想喝够本，一个人得添上无数次杯才行。要是有 10% 的客人因为免费续杯的缘故点了饮料，几乎可以肯定，餐馆是稳赚的。这一推理暗示，提供罐装软饮料和冰茶的餐馆，提供免费续杯的可能性会很低，事实上也正是如此。例外又一次从反面印证了规律。

黛博拉·贝尔

为什么普通人连最简单的录像机的功能都用不全，但它却还是有那么多功能呢？

一般购买磁带录像机的顾客，只是想要一部能方便家人看电影、录下最心爱电视节目的机器。当前市面上出售的所有机型，都具备这些功能。但这些机器还有一大堆普通顾客绝不会使用的额外功能。比如，不少机器在每一段录制节目开始播放的时候，可以用遥控器自动加一个信号，这样，用户“只需要按遥控器上对应的1~9键，就能播放每段节目”。大多数机型现在还提供英语、西班牙语或法语的屏显说明。不可否认，某些功能确实有用，可有不少顾客都抱怨说，录像机功能太复杂，叫人没法用。为什么制造商不生产一些适合这些买家的又便宜又简单的机型呢？

尽管有些顾客不重视录像机额外的功能，但另外一些顾客却很在乎。制造商增加这些功能，是为了更有效地拉拢后一种顾客。增加一项新功能的大多数成本，都是固定的研发成本。一旦研发成功，为机器增加该功能的边际成本就很低了。

当然，制造商可以提供多种不同的机器，各自具备不同程度的功能。但大多数零售商都不愿意库存大量机器。不管怎么说，由于生产最简单机器的边际成本并不见得比最高级机器低多少，消费者购买最简单机型也不会省多少钱。所以，制造商选择的做法是，在所有机型上都提供高级功能。

渴望较简单机型的消费者，恐怕只有寄希望于制造商再增添一项新功能：一个能取消（或者隐藏）所有高级功能的按钮，按了之后，录像机上就只留下最基本的功能了。

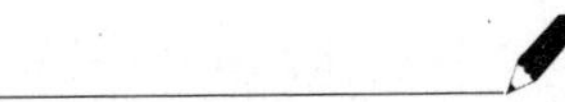

戴佳

为什么廉价航班的飞机餐要收费，而豪华航班一般免费；豪华酒店上网要收费，廉价酒店则多免费？

过去，所有的航空公司都会提供免费的飞机餐，而现在这么做的只有新加坡航空公司等高价航班了。搭乘联合航空公司或美国航空公司班机的旅客，要么自带食品登机，要么出钱购买机内盒饭。与此相对，像四季大酒店这种豪华酒店，客房上网一般要收取每天 10 美元甚至更高的费用，而像汉普顿客栈这种廉价酒店，一般却是免费提供此类服务。为什么存在这一差异呢？

在一个完全竞争的市场，“没有免费的午餐”原则认为，选择额外服务的顾客应该支付额外费用。此处的逻辑是这样：倘若一家公司提供“免费”的额外服务，并试图在基本产品价中包含此笔费用，那么，竞争卖家就能通过将基本产品降价、对额外服务单独收费的方式，招揽不想使用额外服务的顾客。

当然，现实生活中并不存在完全竞争的市场。但较之豪华航班的座位市场，廉价航班的座位市场更接近完全竞争的市场；前者数量更少，提供的是更为专业化的服务。出于类似的原因，较之豪华宾馆的客房市场，廉价客栈的客房市场更接近完全竞争的市场。这些观察似乎暗示，廉价客栈和廉价航班更可能会将额外服务单独收费。所以，“没有免费的午餐”原则可以解释，为什么廉价航班的飞机餐收费，而豪华航班的基本票价包含餐费。它也能解释为什么大多数航班过去提供免费的飞机餐，因为整个航空旅行市场从前都属于奢侈市场，直到最近几年才发生了变化。但乍一看，我们所看到的酒店网络服务的定价模式，似乎并不符合“没有免费的午餐”原则。

这儿有一个说得过去的解释：这种不同的根源在于两种服务成本结构上的不同。提供餐点服务的成本，大致上随提供的餐点数量而增长。但提供网络接入服务的成本，大体上却是固定的。一旦酒店安装了无线网络，允许其他客人上网的边际成本基本上为零。

“没有免费的午餐”原则告诉我们，一种商品或一项服务的市场，竞争越是激烈，其价格就越是接近边际成本。既然廉价客栈的客房市场比豪华酒店的客房市场竞争更为激烈，我们可以推断出，廉价客栈的房费包含网络接入费的可能性更大。廉价客栈或许更愿意额外收取网络接入费，但由于提供接入服务的边际成本为零，肯定会出现一些客栈以免费网络接入为宣传噱头。对价格敏感的旅客说不定会被这一服务所吸引，从而迫使其他廉价客栈也遵循这一做法。廉价航空公司并没有存在类似的压力要提供免费飞机餐服务，因为每一顿餐点的边际成本始终是递增的。

豪华酒店收取网络接入费，因为他们的顾客要么是很富裕，要么是旅行费用可报销，因此对价格并不敏感。然而，要是有足够的客人开始抱怨这种做法，那么，既然提供网络接入服务的边际成本为零，一部分豪华酒店大概会在房价内包含此项服务。如果出现这种情况，其他豪华酒店很快会迫于压力而竞相效仿。

在接下来的两个例子中，有时，卖方似乎有权索取较高价格，或是因为客人取消服务而收取罚款，然而，出于策略性的考虑，他们并不这么做。

为什么不少游乐园里最受人欢迎的游乐项目前总排着长队，游乐园却并不对之额外收费？

2006 年 1 月 1 日，在佛罗里达州奥兰多的迪士尼乐园，儿童入园玩一整天，票价 55.16 美元。更确切地说，一整天也玩不了多少项目：虽然孩子们想坐多少次都行，但最受欢迎的游乐项目前面，总是排着长长的队。比如，在最繁忙的时段，想玩到该乐园最吸引人的过山车，要排上一个多小时的队。为什么迪士尼乐园不对这些项目收取额外费用呢?

究其本质，排队并不一定意味着卖家把钱摆在了桌上。比如，希望到一家餐馆就餐的客人数量，每天晚上都会有所不同，所以餐馆很难按人数多寡来定价，保证填满空位而又不排队。然而，像迪士尼乐园这种持久而可预料的长队，在经济学家看来，是不应该出现的。

一个可能的解释是，孩子到迪士尼乐园玩，埋单的是家长。倘若乐园方面为了消除排队现象，对过山车项目额外收费——就算每趟收 10 美元吧，不妨让我们来设想一下会出现什么样的情形。很多孩子还是想要一趟又一趟地坐过山车，但坐了几趟之后，大多数家长肯定只能拒绝孩子的要求了——不是拒绝一次这么简单，而是要反复拒绝。这样一来，还有谁能带着愉快的回忆离开乐园?

定额收费，并依靠排队的方式来限制孩子对最受人欢迎项目的使用次数，恐怕是迪士尼乐园管理方所能找到的最合理的折中方案了。

为什么顾客临时取消预订，租车公司不另收费，而旅店和航空公司都要收取昂贵的取消费?

如果你买了一张戏剧票，但因为堵车，错过了表演，院方可不会给你退款。机票的情况也差不多。如果你错过了班机，你的票就一钱不值了。就算航空公司允许退票，也要收取一大笔退票费。同样，如果你在当晚 6 点以后才取消预订的房间，大多数酒店也会收费。可是，租车公司却采用了一套完全不同的做法。提前订车时，你无需提供信用卡号。如果到时候你没来取车，租车公司并不扣钱。为什么会出现这种差异呢？

和其他所有卖家一样，租车公司希望顾客开心满意。顾客不喜欢被收取取消费，所以，一家不收取取消费的租车公司，就比其他同业公司具备了一大竞争优势。当然，航空公司和酒店也有同样的理由不收取消费。那么，它们收费的原因恐怕在于：容忍顾客临时取消预订又不施以罚款，成本很高。航空公司每班飞机上会出现更多空座，酒店会出现更多空房间。所以，对它们来说，要想继续经营，收取可观的取消费是必需的。

原则上，租车公司也应该面临同样的压力。它们不收取取消费的根本原因，可能是这样：顾客来租车，一般是搭乘了飞机，到达目的地，入住酒店之后。既然酒店和航空公司都要收取取消费，那么，一般租车的顾客，就有着强烈的动机按时取车——即便租车公司并不收取取消费。这样一来，租车公司就能够避免得罪被迫取消预订的顾客，而酒店和航空公司的取消政策会使得这么做的顾客越来越少。

The Economic
Naturalist

本章小结

- 在实际的产品（尤其是昂贵产品）市场中，套利的可能性限制了垄断者向特殊买家索取高价的能力。
- 卖家允许顾客以折扣价购买，但前提条件是顾客必须首先跃过某种门槛。
- 凡是具有规模经济生产流程的卖家，都必然会用到设置折扣门槛这一工具。给那些对价格敏感的买家折扣，同时无须对其他顾客降价，能推动生产者扩大规模，降低平均生产成本。

- 在某些情形下，折扣门槛只不过是需要掌握一定的信息。一旦你掌握了这种信息，就能享受到较低价格，又无须付出额外努力。
- 有时，卖方似乎有权索取较高价格，或是因为客人取消服务而收取罚款，然而，出于策略性的考虑，他们并不这么做。

THE ECONOMIC NATURALIST

05 军备竞赛与公地悲剧

IN SEARCH OF EXPLANATIONS FOR EVERYDAY ENIGMAS

- 为什么医生倾向于开过量的抗生素?
- 为什么女性愿意忍受高跟鞋带来的不适感?
- 为什么许多超市（小镇上的也不例外）24 小时营业?
- 为什么零售商 9 月份就摆出了圣诞节装饰品?
- 为什么公园树上长的樱桃很早就给人吃光了?
- 为什么平均分摊账单使人们在餐馆里花钱更多?
- 为什么高速公路独立的北行车道上发生了车祸，却使南行车道堵了车?
- 为什么冰球选手一致投票通过比赛必须戴头盔的规则，可要是让他们独立做出决定，几乎所有人都不愿意戴头盔?
- 为什么有不少学校要求学生穿校服?
- 为什么不少高中取消了让学生代表致毕业辞的传统做法?
- 为什么官员喜欢使用语焉不详的句子?

亚当·斯密提出的“看不见的手”，是经济学中最著名的一个概念。他第一个清楚地看到，**市场中对个人利益的追求，往往造福了所有人。**举例来说，生产者采用节省成本的创新，是希望获取更高利润，但由于竞争公司的群起效仿，产品的价格下跌了，最终得益的却是消费者。

虽然当今许多经济学家也赞美“看不见的手”，但和他们不同，亚当·斯密从不曾有过这样的幻想：肆无忌惮的竞争总能造福所有人。在《国富论》中，对企业主追求个人利益行为的结果，他做了一段极为克制的阐述：“**追求个人的利益，往往使他能比在真正出于本意的情况下，更有效地促进社会的利益。**”

认为个人利益和集体利益之间存在深刻矛盾的人，乃是进化论之父达尔文、深受亚当·斯密著作影响的托马斯·马尔萨斯（Thomas Malthus）以及其他一些经济学家。达尔文的中心论点是，自然选择偏爱有利于个体成功繁殖的特性与行为。至于这些特性与行为对整个物种是否有利，则不在考虑当中。一些特性，如智力，不仅有利于个体的成功繁殖，对整个物种的利益也有好处。而另一些符合个体利益的特性，只会对整个物种造成损害。雄麋鹿的硕大犄角，对后一种情况做了清晰的阐释。

Photo by Duke Conrad.

大犄角：对个体来说是好事，对群体来说却没用？

和雄海象以及其他大多数一夫多妻制物种中的雄性一样，雄麋鹿会为了接近雌性而彼此争斗。它们的犄角就是战斗的主要武器，而且犄角大的雄麋鹿打赢对手的可能性更大。所以，有着较大犄角的雄麋鹿赢取的配偶更多，于是在下一代中，它们的大犄角基因出现频率更高。这样一来，犄角就变成了进化军备竞赛的焦点。

尽管大犄角有助于赢取雌性，可要是在繁茂的树林里碰到狼和其他食肉天敌，想要逃跑可就难了。所以，从道理上讲，每一只麋鹿的犄角大小减半最好不过。毕竟，在内部战斗中，由犄角的相对大小说了算。要是所有雄麋鹿的犄角变得更小了，它们彼此之间的战斗结果还跟从前一样，同时又提高了从天敌嘴下逃生的概率。

但自然选择，也就是这一问题的根源，却并不能提供问题的解决办法。诚然，犄角较小的变异麋鹿能相对安全地从肉食天敌手里逃生。但它接触不到雌麋鹿。所以，它基因的副本不会出现在下一代身上——这是达尔文进化理论框架中的唯一决定性因素。

Photo by Christian Boice.

配偶竞争：最根本的赢家通吃式比赛？

超大的犄角属于一种可以称之为“对个体来说是好事，对群体来说却没用”的特性。成本效益原则认为，**当个人效益超过个人成本时，个体会采取行动**。倘若个体决策者获取所有与该行动有关的收益，亦承担所有相关成本，亚当·斯密那只看不见的手就跑来发挥作用了。但有不少个体行动，会使得他人受益，或者导致他人承担成本。

举个例子，假设观众中有人为了看得更清楚而站起来，必定会挡住身后观众的视线。同样，倘若额外的捕鱼船出航，会减少现有渔船的捕鱼量。在这种情况下，看不见的手似乎失去了效用。为了看得更清楚，所有的人都站起身，结果没人比大家都坐着时看得更清楚。只要预期净所得能超出所花时间的机会成本及其他开销，渔夫就出海打鱼，结果必然导致过度捕捞，形成“公地悲剧”[①]。

① 公地悲剧（Tragedy of the Commons），凡是属于最多数人的公共事务，常常是最少受人照顾的事务，人们倾向于关怀自己的所有，而忽视公共的事务。——译者注。

在本章，我们来看看个体和社会利益之间的分歧，帮助我们解答一系列谜题。

弗雷德·赫伯勒

为什么医生倾向于开过量的抗生素?

倘若病人抱怨耳朵或呼吸道感染，不少医生都会开出抗生素类药品。如果感染是细菌（而不是病毒）所致，抗生素治疗应该能加速痊愈。可病人每一次吞服抗生素，细菌产生抗药性的风险也会随之增加。因此，公共健康官员要求医生只在病人严重感染时开抗生素药物。可为什么还有那么多医生继续给感染并不严重的病人开抗生素呢?

大多数医生都明白，倘若抗生素过量使用，细菌很快就会出现抗药性。例如，1947 年，青霉素刚大量投入使用的第 4 个年头，人们就发现了一种能抵抗青霉素的葡萄球菌变体——金黄色葡萄球菌。大多数医生也知道，带抗药性的细菌变体，会导致更严重的问题。金黄色葡萄球菌出现以后，医生只好用另一种抗生素来治疗它——甲氧苯青霉素。但这也只是个应急办法。1961 年，英国发现了抗甲氧苯青霉素的细菌——MRSA 超级病菌，如今，世界各地的医院里都能找到它的身影。1991 年，英国因败血症而去世的病患，4% 是 MRSA 感染所致；到了 1999 年，这一比例已经上升至 37%。

跟过度捕鱼一样，抗生素的过度使用，也是一起公地悲剧。个别渔夫的捕鱼量，本身并不足以对鱼群数量造成重大影响；同理，个别医生所开的抗生素，也不足以促成致命抗药细菌的产生。然而，每当医生开出抗生素，引起患者感染的细菌很可能会有一些得以幸存。该群体中的个体细菌跟从前全然不同，而更不幸的是，在抗生素治疗过程中存活概率最大的，并不是原始细菌群中的随机样本。相反，它们的基因结构对药物的抵抗性最大。倘若加大用药剂量，这部分幸存细菌仍可能被杀死。但随着时间的推移，变异也逐渐积累，最终，幸存细菌的抗药性越来越强。

医生面临的困境在于，患者相信，服用抗生素能加速自己的痊愈。一些医生拒绝用这种方式治疗不太严重的感染，但另一些医生则屈服于患者的压力，因为他们知道，如果拿不到药，患者可能会另请高明。美国疾病控制中心估计，在每年开出的 1.5 亿份抗生素处方中，有 1/3 都是不必要的。

医生同意病人的要求，可能是因为他们知道，单独的一张处方，并不会导致抗药细菌的出现。不幸的是，这种决定的累积效应，最终肯定会催生出更多带抗药性的有毒变异细菌。

迪格比·洛克

为什么女性愿意忍受高跟鞋带来的不适感？

高跟鞋穿着不舒服，走路困难。长期穿高跟鞋，会给脚、膝盖和背带来损害。可为什么女性还是继续穿着高跟鞋呢？

简单的回答似乎应该是，穿高跟鞋的女性更容易吸引他人注意。在《理智与情感》当中，简·奥斯汀形容艾莉诺时说："她有着优雅的肤色，容貌端庄……身材尤其好。"可说到艾莉诺的妹妹玛丽安，奥斯汀却说："还算俊俏。她的身材，虽说比不上姐姐那么端正，可因为身高有优势，反倒更动人。"高跟鞋不仅能让女性显得更高，还强迫她们挺直腰板，胸部前耸，屁股后翘，从而凸显女性的曲线。男人都喜欢女人夸张的身材，时尚专家如是说。

问题在于，要是所有女性都穿高跟鞋，这种优势也就扯平了。毕竟，身高只是个相对现象。比别人高几寸当然很好，至少不比别人矮几寸。可要是所有女性都穿上高跟鞋好让自己高上几寸，她们之间的相对高度也就恢复了原貌，跟大家都穿平底鞋时一样了。如果女性能集体决定穿哪种鞋，估计所有人都愿意放弃高跟鞋。可一旦有人穿高跟鞋来获取优势，这一约定就没法维持下去了。

约会和体育比赛一样，大多是身材越高越有利。

为什么许多超市（小镇上的也不例外）24 小时营业？

伊萨卡是纽约以北一座只有 3 万人口的小镇，有 5 家通宵营业的杂货店。要是购物者凌晨 4 点去买东西，几乎每家店里都只有临时店员在值班。

通宵营业的成本并不大，可也没小到微不足道的地步。

比如，通宵营业的供暖、空调和照明费用，显然比晚上 12 点关、早晨 6 点开的商店要高。对于晚间轮班的收银员、存货管理员和保安，商店都要支付奖励性薪资给他们。既然这些成本肯定比凌晨销售中创造的额外利润要高，为什么这些商店还是坚持通宵营业呢?

影响顾客到哪家杂货店去买东西的因素包括：价格、商品种类、商店位置和营业时长。大多数顾客会选中最符合自己要求的商店，而后大多数时间都到该店去买东西。一旦你熟悉了一家店的布置，干吗还要到另一家店费时费力地找东西呢？所以，商店有着强烈的动机要成为尽量多顾客的第一选择。

每家店库存商品的价格和种类大同小异，而一旦哪家店的上述因素稍有不同，就可能成为一部分购物者选中该店的决定性因素。人们大概不会定期到一家不顺路的商店买东西，但在一个人人都有私家车的小镇上，位置并不是最重要的因素。现在，让我们假设所有超市都在晚上 11 点关门，次日早晨 7 点开门。如果一家店把营业时间延长到半夜 12 点，它就能成为营业时间最长的店。即便那些偶尔才会在晚上 12 点买东西的顾客，也会因此选中这家店作为自己固定买东西的地方，万一真的哪天需要在半夜买东西，找东西就很方便了。虽说超市在晚上 12 点吸引到的顾客并不多，但由于它营业时间长，所以能吸引到更多顾客固定到此购物。

竞争性超市肯定不会坐视自己的顾客被拐跑，它们必然会延长营业时间。可这时，其他店铺又会把关门时间延长到凌晨 1 点，坐收渔利。倘若维持商店多营业一个小时的成本并不太大，那么唯一可能出现的结果就是大多数商店通宵营业。显然，伊萨卡的情况正是如此。

既然伊萨卡大多数超市都通宵营业，新顾客选中哪家店，就和它们的营业时间没什么关系了。超市继续在其他方面竞争。比如，一家店的熟食很有名，另一家店的进口商品选择范围大。但没有哪一家店会回到夜里关门的老路上。

在伊萨卡，杂货店并非随时都通宵营业；而且，有一部分类似规模的城镇，并没有通宵营业的杂货店。所以，虽说上述竞争趋势貌似能够对伊萨卡杂货店通宵营业的原因做出解释，但很明显，它并未解释这一现象的时间选择或地域扩散情况。

梅丽莎·摩尔、埃里克·萨斯

为什么零售商 9 月份就摆出了圣诞节装饰品？

虽说圣诞购物季并不一定得从感恩节之后的星期五才开始，可在有些商店，人工圣诞树和节日花冠 9 月份就上架了。提前上架涉及机会成本的问题，因为货架上放了节日用品，就不能再放其他商品了。所以，圣诞节用品早上架，是以减少其他商品的销售量为代价的。购物者在节日用品上的总支出和圣诞购物季的长短并无太大关系，那么，为什么商店这么早就开始展示圣诞节用品呢？

圣诞假日购物旺季约占年度零售量的 40%，年度零售利润的 65%。如果大多数商店等到感恩节后的星期五才开始展示圣诞节用品，那么，提前上架（比如感恩节前的星期五）的个别商店就能占据有利地位。这并不能增加圣诞用品的总销售量，但能从其他商家那儿抢到生意。

为了自卫，其他商家也会尽早让节日商品上架，于是上架的日期就变得越来越早。随着近年来零售市场竞争日益激烈，在不少市场，圣诞商品上架的非正式日期提到了劳动节之后（美国的劳动节是在九月的第一个星期一）。

那么最终，我们会看到圣诞节商品全年都摆在商店的货架上吗，就好像 24 小时营业的超市一样？有这个可能，但不大。超市通宵营业，是因为多开个把小时的成本相对较小。但利用货架空间摆放圣诞节商品，意味着不能再摆放其他商品，提前到某一个程度之后，机会成本就成为突出的问题了。倘若零售商无法将自己有限的货架空间派上更有利可图的用场，而在 3 月份就开始展示圣诞节用品，估计这样的商店维持不了多久。

为什么公园树上长的樱桃很早就给人吃光了？

和所有水果一样，樱桃有着一个自然的成熟周期。还没成熟的时候，它们味道很酸，但随着时间的推移，樱桃的含糖量提高了，吃起来也就可口了。专门种植樱桃的农户到了收获时节才采摘樱桃，所以，超市里的樱桃都是到了成熟期才上架的。然而，长在公园里的樱桃，却总是在尚未成熟、味道还很酸的时候就被人摘下吃了。如果人们能等久点再采摘，樱桃的味道会更好，可为什么人们等不及呢？

专门种樱桃的农户，是在私人土地上种植樱桃树的，要是有人胆敢擅闯民地，采摘樱桃，必然会被告上法庭。而农户也毫无道理要提前收获果实。毕竟，收购商为成熟的果实出价更高，而消费者也愿意多出钱买甜樱桃。

但在公园里，人人都有自由采摘樱桃，所以动机也就不同了。人人都知道再等久点樱桃的味道更好，可要是真等太久的话，树上早就没有樱桃可摘了。

公园里的樱桃，稍一成熟能下口的时候就开始从树上消失。在这个时候，它们的味道并不好。可由于不能阻止其他人采摘樱桃，想等到樱桃成熟时再采摘几乎是不可能的。

为什么平均分摊账单使人们在餐馆里花钱更多？

朋友们一起下馆子吃饭，一般会采用 AA 制，平均分摊账单。这种做法比服务员为每位就餐者分别准备账单要容易得多，也好过记住谁点了什么，并据此调整每人的份儿钱。然而，也有不少人觉得这种做法不好，因为那些点了便宜菜品的人，被迫支付了比自己吃喝实际成本更多的钱。AA 制还导致了另一个令人不快的结果：它使每个人都想要花掉比各人单独付账更多的钱。为什么平均分摊会造成这种后果呢？

假设有 10 个朋友，预先答应平均分摊用餐账单。假设其中有一个人点标准份的牛排，价格 20 美元，点大份牛排，则是 30 美元。又假设点大份牛排给这个人带来的额外好处比点标准份牛排多 5 美元。倘若是他自己来吃，他会点标准份的牛排，因为大份牛排带来的 5 美元额外好处，抵不上 10 美元的额外成本。可由于朋友们答应平均分摊账单，那么对他来说，点大份牛排，他只需要多花 1 美元即可（点大份多出来的 10 美元由 10 人均摊，他承担其中的 1/10）。又因为大份牛排比标准份多值 5 美元，这人肯定会点大份。

在经济学家看来，这就叫作无效决定，因为该人点大份牛排的净收益 4 美元（他认为大份牛排所值的 5 美元，减去他最终分摊的 1 美元）比该群体其他人的净损失要少（由于前面那位朋友点了大份牛排，他们支付的总金额增加了 9 美元）。

虽然平均分摊账单既不公平又无效率，但不大可能会消失。毕竟，它导致的损失一般非常小，又为众人聚餐带来了不少便利。

托马斯·谢灵

为什么高速公路独立的北行车道上发生了车祸，却使南行车道堵了车？

要是高速公路的北行道上发生了一起事故，想必各位很清楚这条道上为什么会堵车吧。撞毁的车辆、救护车、警车，往往使北行车道一连几个小时都走不通。可为什么车祸也会让南行的车道堵车呢？而且经常一堵就堵上好几里地？

看客的好奇心：耽搁这么久值得吗？

到达事故现场后，往南行驶的司机会简单地估计一下成本效益。他们减速慢行、观看事故现场的成本只是耽搁几秒钟，而收益则是通过这么做能满足自己的好奇心。按照大多数司机的行为来判断，收益似乎大过了成本。当然，大多数司机并没想到，一个人耽搁几秒钟，会让后面的成百上千辆车都耽搁几秒钟。仔细看一眼事故现场的累积成本，可能会让每一名司机都耽搁一个多小时。

许多司机或许都不愿意为了看一眼事故现场而耽搁一个小时。如果司机能就此问题全体投票的话，他们肯定不会放慢速度。可他们是到达事故现场后一个接一个做出决定的。到了这一阶段，由于每个人都已支付了好奇心带来的成本，所以大多数司机——连那些赶时间的司机也不例外，会选择放慢速度。

本章的最后一组例子阐述的是，倘若个人利益与群体利益不一致，人们会采取多种措施加以协调。

托马斯·谢灵

为什么冰球选手一致投票通过比赛必须戴头盔的规则，可要是让他们独立做出决定，几乎所有人都不愿意戴头盔？

选手不戴头盔滑冰，能增加球队获胜的概率，这大概是因为他能比对手看得更清楚，听得更真切。可不戴头盔的不利方面是，该选手受伤的概率也提高了。如果他认为提高获胜概率比个人安全更重要，就会放弃戴头盔。可要是其他参赛选手也这么做，竞争就恢复了平衡状态：所有人受伤的概率都增大了，而且没人受益。这就是戴头盔规则的吸引力所在。

为什么有不少学校要求学生穿校服？

许多人都认为，想穿什么衣服就穿什么，这是做人的一项基本权利。可是，等他们的孩子到了上学的年纪，他们作为家长又开始赞成学生穿校服的做法。为什么学校会提出这种要求？为什么有那么多家长支持这一做法？

倘若学生能够自由选择穿什么样的衣服，就必须考虑到自己传递给别人的暗示信息。比如，要是有人希望传达自己是个大胆姑娘的信息，她说不定就会穿得惊人地大胆豪放。要是有人希望显得成功、一切尽在掌握，或许会穿格外名贵的衣服。可诸如“大胆”和“名贵”这种词，表达的都是相对含义。倘若有许多学生都开始穿着能凸显这些规范的衣服，那么规范本身就会发生变化。就好像雄麋鹿的犄角一样，过不了多久，学生中间就会掀起昂贵的衣着竞赛。

显然，穿校服的要求限制了学生自我表达的能力。但它的优点则是减少了学生在衣着竞争上所投入的货币及情感成本。

为什么不少高中取消了让学生代表致毕业辞的传统做法？

按传统，在大多数高中毕业典礼上，会由学生代表——一般是毕业平均分最高的学生，做闭幕致辞。可近年来却有不少高中取消了指命学生代表的做法。他们这么做的动机是什么呢？

精英大学的入学竞争变得越发激烈了。比如，纽约大学最近的入学率是 14 比 1。在这一趋势的带动下，高中学生在学业上得高分的压力越来越大。成为毕业班上台致辞的学生代表，会给大学招生处的人留下极深的印象，所以学生们对这一荣誉的竞争也加剧了。许多学校的校长认为，对致辞学生代表资格的争夺，在优秀学生的生活中占据了过分重要的地位，因为他们为了在每个学期都得最高分，牺牲了太多重要的人生经历。校长们希望，取消这一惯例做法，能消弭一场代价不菲的地位竞争。

阿尔弗雷德·卡恩

为什么官员喜欢使用语焉不详的句子？

阿尔弗雷德·卡恩（Alfred Kahn）是康奈尔大学的前经济学教授，1977年，吉米·卡特总统选他做民航委员会主席。民航委员会（现已解散）是当时管理民用航空业资费和线路的联邦机构。卡恩的职责是，取消对民航业的管制，解散该机构。到达华盛顿后，他惊讶地发现，民航委员会司法人员颁布的大多数管制命令叫人看都看不懂。类似的句子随处可见：

> 特准予民航委员会证书的持有者，在证书有效期到达之前，继续定期使用持有者之前使用过的机场指定地点。在遵守委员会之前颁布的相关此类程序的前提下，持有者除可享受上文明确规定的服务之外，还可在任何机场便利的时候，使用指定地点。

卡恩到任后，在发给自己司法助理的第一份备忘录中要求，他拒收任何不使用浅显英语表述的文件。“请把你写的文件，对着伴侣和孩子读一读，”他告诉众人，“要是他们听着笑了，你就得重写。”但为什么这些文件最初是如此这般呢？

管制者的任务是管人。通常，这要求你告诉别人，虽然有些事他们想做，但不能做。大多数人并不乐于让别人的愿望落空。所以，我们可以理解，官员希望削弱自己在流程中扮演的负面角色。比如，管制者并不愿意直接说:“我禁止联合航空公司在圣地亚哥和圣安东尼奥两城市之间运营。”他们或许觉得采用以下说法更舒服:“我司认为，联合航空公司继续在圣地亚哥和圣安东尼奥两地提供空中运输服务，有违公共利益。”

当时，卡恩的命令一颁布，全世界喜爱明白晓畅文字的人，都为此鼓掌喝彩。很快，民航管理委员会的文件用语就变得更清楚、更简练了。

这一新的沟通模式坚持下去了吗？我们无从得知真实情况。但有理由怀疑，在官员当中，使用浅显语言并非一种稳定的平衡状态。倘若浅显的语言成为规范，那么，某个官员可能会出于个人利益，把文字写得稍微模糊一些，从而削弱自己在限制他人行为中所要承担的责任。改动太大，有可能会招致上司的斥责，但改动太小，又不太引人注意。出于同样原因，其他官员也会这么做，于是言辞模糊暧昧的标准就发生了变化。这样一来，我们很容易看到，随着时间的逐渐推移，完全叫人看不懂的官僚语言最终又成了主流。除非又出现一个要求使用浅显的语言的强硬领导，否则，语焉不详的语言会一直持续下去。

The Economic Naturalist

本章小结

- 市场中对个人利益的追求，往往造福了所有人。
- 追求个人的利益，往往使他能比在真正出于本意的情况下，更有效地促进社会的利益。
- 当个人效益超过个人成本时，个体会采取行动。

THE ECONOMIC NATURALIST

06
所有权之谜

IN SEARCH OF EXPLANATIONS FOR EVERYDAY ENIGMAS

- 为什么鲸鱼濒临灭绝，鸡却没有繁衍之忧?
- 为什么苏联的解体使得里海鱼子酱产量锐减?
- 为什么没有一流的营利性大学?
- 为什么马德里年度时装展封杀超瘦模特?
- 为什么美国大多数州都对儿童入学年龄有强制规定?
- 为什么汽车上必须安装儿童安全座椅，飞机上却不用?
- 为什么私家车座位上必备安全带，而校车上却没有?
- 为什么旅游船的防撞安全设备比汽车要少?
- 为什么边开车边吃汉堡合法，但边开车边打手机却不合法呢?
- 为什么出租车费要分为两部分，既有固定的起步价，又有变动的里程价，而不是直接收取较高的里程价呢?

生长于当代西方工业国家的人，常常想当然地认为，如果自己拥有某样东西，那么想怎么用它就能怎么用。在一定的条件限制下，这种理解不无道理。例如，在大多数国家，拥有一辆自行车，意味着你有权在任何时间使用它，有权告诉别人不准用它，有权把它卖给你选中的任何人。

由于18世纪末对产权做了明确界定，并建立了有力的实施制度，美国和其他许多工业国家的生活标准提高了40多倍。相反，缺乏这种制度的社会，少有富裕起来的。倘若人们无法建立对财产的明确法定权利，他们就没有动机去投资能够创造新财富的资本设备。

可尽管产权创造了数不尽的效益，但这同样需要付出成本。**针对任何商品确定并执行产权，都要求投入真正的资源。有时候，最终收益并不值得费这个劲**。仔细观察一番，我们就能看出，所有权的概念其实是很有争议的。本章首先用几个例子，来考查一下我们对所有权这个概念的理解存在哪些局限性。

为什么有时候岛上居民阻止陌生人使用私家码头是违法的?

1904 年 11 月 13 日，普洛夫一家在张伯伦湖划船，不料碰上了暴风雨。为了躲避风雨，他们把帆船停泊在一处私人码头，该码头的主人叫普特南，住在湖中的一座小岛上。普特南派仆人去叫普洛夫一家人驶离码头。他们照做了，可不久后，帆船又碰到了暴风。有几个人受了伤，但都还活着。事后不久，普洛夫一家对普特南提起诉讼，1908 年，佛蒙特的一家法院判普洛夫一家胜诉。为什么普特南不让普洛夫一家人使用自家码头违反了法律呢?

私有财产法准予业主对自己产业的用途享有极大的决定权，但这不是一种绝对的权力。佛蒙特法院认为，否定普洛夫一家人享有暴风避难权所付出的成本，远远大于普特南对自家码头享有绝对控制权所带来的收益。

为什么侵权法常常暂时中止业主对滨水地区的财产权?

城市居民无权为了加快抵达目的地，而穿越某人的私有产业。他们必须使用人行道，或者其他公共道路，抵达想去的地方。然而，在不少管辖范围，湖滨和海滨产业受不同法令的管辖。例如，倘若住在湖滨木屋的人想拜访住在自己北边第三栋木屋的朋友，则可以直接穿过两处位于其间的产业，哪怕业主对此强烈反对。为什么会出现这样的区别呢?

和其他法律一样，反侵权法也包含成本和效益。由于屋主多重视个人隐私和安全，倘若禁止他人非法侵入其土地，业主自然受益。在此过程中，他人无法选择前往目的地最便利的路线。但在不同的环境中，上述成本和收益存在巨大的差异。

假设在城市街区，A 房子的业主想要去拜访住在 D 处的朋友，如下图左。他可以抄近路，穿过 B 和 C 房子的后院。如果他不得穿越这两处产业，他走路的距离就要增加，但增幅并不大，因为公共道路就在附近。在这种情况下，隐私的价值高于抄近路的价值。

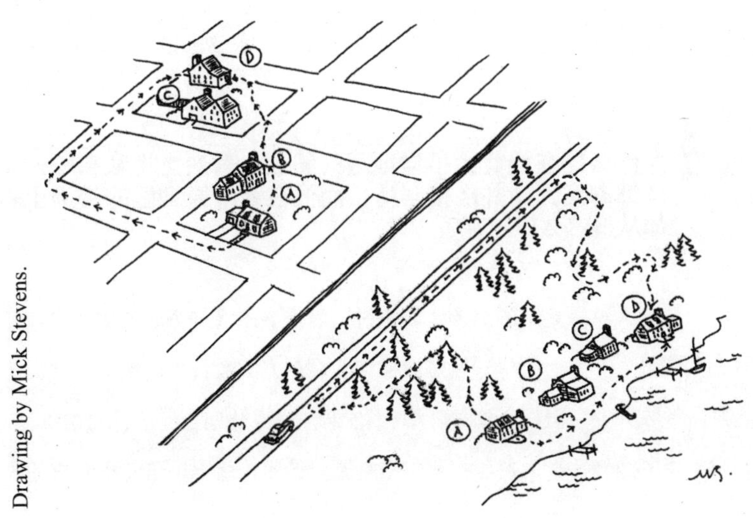

穿越私产的收益，在城市街区（左）比在滨水地区（右）要小得多。

现在再假设上述房子位于湖边，如上图右。倘若住在 A 的人想拜访住在 D 的朋友，要是准许他穿越 B 和 C 旁的道路，就不用走太长路。可要是只能使用公共道路，他必须穿越一两里陡峭的山路，再朝北开一两里，最后再通过另一段陡峭的山路。在很多情况下，这么长时间跋涉的成本，使人们有充分的理由暂缓执行水滨产业的侵权法。

但这么解释还不够完整，因为有些时候，即便岸边就有公路可走，侵权法也不适用于水滨产业；而在内陆地区，即便要绕更远的路，侵权法也会铁面无私地保护私有产业。侵权法不适用于水滨产业，似乎根植于这样的事实：自古以来，水域就是公共财产，向所有人开放。没有相应的准入权，这种开放就毫无意义。从前以捕鱼为业的人很多，准入权在经济上具有重要地位。在缅因州这类捕鱼业兴旺的地方，倘若新来者限制他人使用自家海滩，会激起地方上不小的争议。

为什么住在西北太平洋地区的美洲土著对土地私有权作了详细的定义，并严格坚持；而住在大草原地区的美洲土著却从没这么做过呢？

对住在大草原地区的美洲土著来说，最重要的经济资源是居住在该地区的大群野牛。因为野牛一般是成群结队，在方圆数百里地域内徜徉，坚持野牛放牧区的私有权，必须把大草原分割开来，修筑上千里昂贵的篱笆。一群野牛的数量比猎人每年打死的动物要多得多，所以，坚持私有权的收益抵不上所花的成本。

反之，住在西北地区的美洲土著，谋生的主要方式是诱捕小动物，取其皮毛，食其血肉。这类动物一般不会在大范围内游荡，而是一辈子都住在一小块土地内。界定家庭对土地的私有权，等于是允许其享有这块土地上的动物捕猎权。所以，成本效益原则为居住在不同地区的美洲土著对待产权的不同态度，作了一个极为扼要的解释。

派拉娜·李

有人非法占有一块土地至少 10 年以上，为什么法律却承认此人对这块土地的所有权？

在纽约州，长时间持续占有同一处产业的人，即有资格要求获得该土地的合法所有权，哪怕最初是其他人花钱买的这块地。为什么法律会以这种方式奖励侵权者呢？

此类法律称为“占屋者权利”（Squatters Right），或“时效占有法”[①]。它们符合一个简单的经济学原理——贵重的房产闲置，不符合整个社区的利益。有时候，拥有贵重房产的业主消失得无影无踪了，也没有继承人，还有人长期忽视自己的产业。法律以承认占屋者权利的方式，鼓励业主更好地利用自己的产业，要不就把它卖掉。由于等候时限很长，“时效占有法”并未给合法业主的利益带来什么威胁。毕竟，长期没人照料的产业，对法定所有人并没有什么经济价值。

强制执行产权的艰巨性，有助于我们理解为什么以某种方式管理资源比其他方式更有效。

为什么鲸鱼濒临灭绝，鸡却没有繁衍之忧？

几乎每年环保主义者都会上街游行，谴责国际捕鱼业对许多大型海洋哺乳生物的生存造成了威胁。可据我所知，从来没有人上街抗议，号召大

① laws of adverse possession，又译作“相反占有法”。——译者注

家拯救小鸡。这是为什么呢?

简单来说，鸡从来没当过濒危物种。但这就引出了另一个问题：为什么有的物种濒临灭绝，有的却没有?

鲸鱼的数量锐减，是因为鲸鱼没有主人。它们在公海里畅游，而好几个国家拒绝遵守保护鲸鱼的国际条约。

日本和挪威捕鲸人绝对理解自己目前的做法会威胁到鲸鱼的生存，进而损害自身的生计。可每个捕鲸人也都知道，自己捕不着的鲸鱼，最终会被别人捕获。因此，捕鲸人无法从自我限制中获益。

鲸鱼和鸡：有什么共同之处吗?

反过来看，世界上大多数的鸡都是有主人的。如果你今天杀掉了自己的一只鸡，明天你就会少了一只鸡。如果养鸡是你的谋生手段，那么，你必然有着强烈的动机，要使送去市场卖的鸡和新养的鸡在数量上保持平衡。

鸡和鲸鱼都有经济价值。人们对鸡能享有可靠的所有权，但对鲸鱼却不能。这一事实解释了前者繁衍不息、后者濒于灭绝的原因。

为什么地中海地区的污染问题比大盐湖地区严重得多？

不少与地中海接壤的国家都会往里面倾倒未处理的污水和许多其他污染物。与之相比，大盐湖却基本上没受到污染。如何解释这一差异呢？

有人可能会说，大盐湖更干净，是因为居住在该地区的摩门教文化，比地中海诸国的传统文化更尊重自然。或许如此，但从经济上来看，更令人信服的解释是：大盐湖地处单一的行政管辖范围之内（犹他州），而地中海附近却围着20多个主权国家。如果犹他州规定禁止往大盐湖内排放污水，该州居民固然要承受管理的成本，但同样也能享受此举带来的所有好处。反之，倘若地中海附近单独一个国家制定同样的禁排法律，其国民则要承担此举的所有成本，却只能享受到很小一部分收益，大多数好处都被其他国家的居民分走了。这种付出与所得上的悬殊差异，使得每一个地中海国家都宁愿坐等其他国家首先采取环保措施，可在大盐湖地区，却不存在此问题。

托马斯·格雷特

为什么苏联的解体使得里海鱼子酱产量锐减?

对全世界的美食家来说，再也没有比里海鱼子酱更美味的东西了。其中最罕见也最珍贵的鱼子酱，来自西伯利亚鲟鱼。这种鱼长 9 米，重 800 多千克，最长可活 100 多年。一直以来，西伯利亚鲟鱼子酱都很贵重，但要买的话也还算容易。可自从 1991 年苏联解体之后，鱼子酱供应量锐减，价格飙升。这到底是怎么回事呢?

现在与里海接壤的是伊朗和 4 个原苏联加盟共和国：俄罗斯、哈萨克斯坦、土库曼斯坦和阿塞拜疆。1989 年之前，伊朗和苏联的中央政府，紧紧地控制着里海的商业活动。它们立法禁止捕捞较小的鲟鱼，避免“公地悲剧”的发生。苏联解体后，各国政府无力再维持严格的控制，捕鱼人意识到，过去的做法在经济上行不通了。他们不捕捞鲟鱼，自有其他人去捕。

为了限制里海的污染和过度捕捞问题，俄罗斯和伊朗再次展开了合作。然而，要想买到鲟鱼鱼子酱，买家们恐怕还得继续支付 1 盎司 160 美元的高价。

法律不仅会影响人们处置产业的方式，还会影响到社会机构的发展。它尤其有助于我们理解为什么有些机构的组织形式是私人所有的营利性公司，而另一些机构却是公众资助的非营利性组织。

艾舍·杰恩

为什么没有一流的营利性大学?

在全美上百所一流大学当中，没有一所是营利性机构。其他大多数高等教育机构也都是非营利性的。例外的只有专门从事职业教育的营利性学院，如菲尼克斯大学，但上这种学校，学员必须放弃获得精英学术地位的打算。为什么一流的教育机构毫无例外都是非营利性的呢?

美国的一流大学，学费收入一般只能占到每年支出的 1/3，甚至更低。不足的部分主要来自捐赠——当前校友们的现金捐赠，以及从前和当前校友们赞助款项的利息收入。假设学校采取营利性组织形式，愿意捐赠的校友肯定不多，所以，非营利大学占有明显的竞争优势。

但即便不考虑捐赠问题，非营利性机构仍占有优势。让我们假设，教育的质量随大学花在每名学生身上的钱数而提高。假设有两所大学，一所是非营利性的，另一所是营利性的。一开始，它们都没有经济捐助。倘若营利性大学收取两万美元的学费，同时在每名学生身上花掉两万美元，则其利润为零——只够维持运转。非营利大学收取 1.8 万美元的学费，花在每名学生身上两万美元，这样一来，它要向每名学生借 2 000 美元，并靠着将来的校友赠款来偿还。

既然两所大学的教育质量相同（以学校在每名学生身上的花费来衡量），那么学生现在付两万美元学费就读营利性大学，或是现在支付 1.8 万美元学费，再加上以后 2 000 美元的捐赠款，就读非营利大学，其效果是一样的。再假设学生的边际所得税率是 50%。捐赠的款项可免税，所以他可以向非营利大学捐赠 4 000 美元，并不比向营利性大学支付 2 000 美元的额外学费亏多少。

一旦捐赠滚动起来，非营利大学每收取 1.8 万美元的学费，即可花掉 2.2 万美元。而营利性大学还是只能收两万美元学费，最多花两万美元。

大体上，非营利性教育机构比营利性机构更有优势，原因在于，它们的一部分收入来自可抵扣税款的赠款。所以，非营利机构能在每名学生身上花更多钱，而营利机构却只能以零利润来维持经营。

阿普·厄恩

为什么我们能租到影碟，却租不到书呢？

要是人们想看 DVD，一般会到百视达（Blockbuster）这种出租连锁店，或是 Netflix 这类网络租赁店租一张。而商业租书店，虽然有些地方、有些时期也曾存在过，但相对来说仍然比较罕见。大多数人要么从书店买书，要么就从公立图书馆免费借书。为什么我们不租书呢？

一部分原因在于，政府有义务把税务收入用于扶持公立图书馆。成本效益原则告诉我们，阅读或其他任何活动的社会能效水平，其边际成本等于私人和社会边际效益的总和。经济学家指出，阅读除了能使个人受益，还能给社会中的其他人带来好处。比如，整个社会的眼界越开阔，越能使社会中的每个人受益。但是在判断是否阅读一本书的时候，个别消费者主要看重的是它能否给自己带来好处，而忽视了它可能给别人带来的好处。这样一来，人们阅读的书籍数量，就会少于成本效益原则站在整个社会的角度所得出的答案。那么，矫正办法自然是让阅读的成本下降，增加其吸引力——也就是提高公立图书馆的吸引力。

当然，对于某些电影，也可以提出类似的观点。例如，有人主张，类似《难以忽视的真相》（*An Inconvenient Truth*）这种纪录片，提高了公民的环保意识，最终能推动社会就全球气候变化问题制定更为明智的公共政策。但不管怎么说，大部分人都同意，以教育民众为使命的影片，无论如何比书籍少得多，因此所得的公共扶持也相应较少。

租书店比 DVD 租赁店要少得多，还有一个原因在于，电影一般两个小时就能看完，而读一本书则需要好几天，甚至几个星期。由于书籍的流通时间较长，租书店索取的必要租书费要比 DVD 租赁店的租碟费高上几倍，才能维持正常运转。和前面提到的婚纱一例情况相同，因为租金太高，租书不如买书划算。

诚如前一章所述，**为个人有限利益服务的行为，往往会伤害到个人所属的群体利益**。倘若动物碰到这种情况，那一般是不可救药的。尽管全体公麋鹿有很充分的理由达成协议，呼吁每只公麋鹿的犄角尺寸减半，但它们没有任何可行的办法来执行这一协议。

当然，人类的情况有所不同。倘若对个人有利的行为会对群体造成伤害，我们会尽量调和其间的矛盾。我们在前一章中看到过，尽管冰球选手宁愿不戴头盔滑冰，但他们却毫无例外地授权球队执行比赛必须戴头盔的规则。以下的例子讲述的是法律和规章如何帮助解决个人和群体之间的利益冲突。

为什么员工一方面给支持工作场所安全管制的政治家投票，另一方面却总是宁愿选择工资较高、危险性也较高的工作？

传统的解释是，员工需要规章来保护，以免受掌握市场力量的雇主的剥削。然而与安全管制联系最紧密的，总是那些竞争最激烈的劳动力市场。一种安全机制是否能通过成本效益原则的检验，要看员工是否愿意支付其成本。倘若一个竞争性市场不存在能通过这一检验的机制，那天上就会掉馅儿饼了。比如，假设一种安全机制一个星期的成本是 50 美元，而员工愿意每个星期牺牲 100 美元的工资，来换取上述机制提供的额外安全性。倘若雇主未能提供此种机制，竞争对手就能靠着它白捡便宜，向员工支付比前一个雇主低 60 美元的工资（既包含了此种机制 50 美元的成本，又捡了 10 美元便宜）。于是换了新公司的员工和新公司本身都由此抢了先机。这样说来，倘若员工希望更多的安全感，又愿意承担其成本，即便没有规章管制，公司也有动机提供安全保障。那为什么还需要政府管制呢？

冰球队员的头盔一例（第 5 章）暗示，在安全领域，员工可能宁愿限制自己的选择范围。和冰球一样，生活中许多最重要的事情都是以各人所处的相对位置来决定结果的。“好”学校必然是一个相对概念，所以每个家庭力争为自己的孩子提供更好的受教育机会，非常类似于运动员争取获得竞争优势的情况。家庭试图在能力所及的范围内，买到位于最好校区的房子；可如果所有家庭都花了更多钱，却只能抬高这部分房子的价格。最终，还是有一半的孩子只能就读较差的那一半学校。

风险较高的工作，工资也较高，因为雇主在安全方面支出较少。因此，员工们接受这种工作，能得到经济优势，从而使他们能更有效地竞争位于较好校区的房子。诚如不受规则限制的冰球队员很想摘掉头盔打球，能够自由选择是否从事危险性较高职业的员工也意识到，他们只有为了较高工资降低对安全的要求，才能把孩子送到较好的学校，要不然，孩子就只有去念差学校。在上述两例中，限制个人的选择自由，能防止事态演变成一场对谁都没好处的“逐底竞争”[①]。

① race to the bottom，又译为“竞次”，意为参与竞争的人互相向最低点看齐。——译者注

为什么美国的相关法律规定，雇主允许员工自愿加班而不支付加班工资为非法行为？

《联邦公平劳工标准法》(*Fair Labor Standards Act*) 规定：只要员工每周工作时间超过 40 个小时，则对于超出的部分，雇主必须支付加班工资。自由市场经济学家经常公开抨击这一规定，他们指出，即便雇主不支付加班工资，也有不少人自愿工作更长时间。由于加班工资制造的障碍，大多数雇主只在出现意料之外的产能不足时，才要求员工加班工作。而这种情况是很少的。为什么法律禁止员工和雇主就加班工资问题达成互惠契约呢？

要求雇主支付加班工资的逻辑，与要求雇主限制工作场合安全风险的逻辑类似。这也就是说，个别员工可以通过工作更长时间，提高自己获得晋升的概率，可要是其他人也都效仿这一做法，所有人的晋升前景就跟从前都不加班的时候一样了。结果变成了一场你死我活的激烈较量，每个人每天都必须工作到晚上 8 点，以免落后于他人。

即便不考虑晋升问题，从较大的群体范围来看，个别人工作更长时间也貌似颇有吸引力，但这其实是一种误解。比如，假设一个人工作更长时间，那么这个人就买得起位于较好校区的房子；可要是所有人都工作更长时间，只可能带动该校区房子涨价。最终结果是，还是有一半的孩子只能上较差的那部分学校。

亚当·斯密的看不见的手，建立在以下隐含前提之上：个人的回报只取决于绝对绩效。但事实上，生活中大多数事情都是以相对位置定高下的。

为什么马德里年度时装展封杀超瘦模特?

Photo by Bernat Armangue/AP.

超瘦模特：马德里时装展上再难见其身影。

2006 年 9 月，马德里年度时装展的筹办者与西班牙时装设计师协会达成协议，封杀体重指数（BMI）低于 18 的模特。身高 175 厘米的模特，体重须达到 56 公斤左右才符合此标准。马德里时装周的筹办者说，他们希望这场盛会能反映“健康而美丽的形象”。可消费者显然觉得较瘦的模特比其他人更漂亮，要不然设计师也不会雇她们了。那么为什么要封杀骨感模特呢?

设计师们相信，公众似乎也同意，苗条的模特穿衣服更好看。因此，设计师雇用较瘦的模特，能获得竞争优势。为保持竞争力，其他设计师也会效仿这一做法，随着地位竞赛越演越烈，最终会迫使模特刻意养成不利于个人健康的饮食习惯。BMI 规则有助于消除上述恶性竞争。

英国文化大臣泰萨·乔维尔（Tessa Jowell）为马德里的规定鼓掌喝彩，力劝伦敦时装周的筹办者择善而从。她说，此举的影响定会超出时装行业，“年轻姑娘们渴望获得 T 台模特一般的身材，但如果那些模特全是骨瘦如柴的病态样子，会给普通姑娘造成过度节食的压力。”

为什么美国大多数州都对儿童入学年龄有强制规定？

美国大多数地方都规定，儿童必须在 6 岁上学。可是，这个年龄的孩子，在体格、智力和情绪成熟度上都存在巨大的差异。为什么各州不把此事交给父母，让他们根据孩子的具体情况做出决定呢？

假设大多数儿童都在 6 岁入学，可有一对夫妇选择让自己 6 岁大的儿子晚一年上学。等这孩子到了 7 岁，他会比班上的同学更强壮、更聪明，心智也更为成熟。由于孩子在学校各方面的表现都是相对的，这个男孩有可能获得更好的分数，在运动队成功的概率也更大，进而更有希望占据学校各类组织的领导位置。简而言之，他将踏上一条通往精英大学的通途。

可一旦个别人在相对位置上靠前了，其他人就落后了。其他雄心满怀的家长产生了让自己孩子晚一年再上学的压力。当然，不管家长志向有多高，他们不可能一直拦着孩子不让上学。但我们可以想象，在准许家长自主决定孩子何时入学的地区，孩子的平均入学年龄是 8~9 岁。但从集体的角度来看，如果所有孩子都入学较晚，最终将无人受益。所以，大多数地区不得不将孩子何时入学的决定权从家长手里收回来。

个人动机与集体动机不符，当然不是国家对行为加以管制的唯一原因。比如，在安全领域，不少人认为，个人大多缺乏必要的信息和远见来做出明智的抉择。这种家长做派的管理方式，常常引得一片争议。但有关儿童的此类决定，却更有可能受到民众的支持，因为大多数成人都同意，儿童无法自己做出明智的安全决定。可下面的例子表明，在考虑这类规则具体采取何种形式的过程中，成本效益原则仍然扮演着中心角色。

格雷格·巴雷特

为什么汽车上必须安装儿童安全座椅，飞机上却不用？

政府规定，在车里，你必须把孩子稳稳当当地系在通过安全认可的座椅上，哪怕只是去附近的杂货店买东西。可要是你搭乘飞机从纽约飞往洛杉矶，却可以把孩子抱在膝盖上，不给他系安全带。如何解释这一差异呢？

有人觉得原因在于，要是飞机坠毁，不管你系不系安全带都保不住性命。确实如此，可除了坠机之外还可能发生许多情况，比如飞机碰到剧烈震荡的气流，在这种情况下，系上安全带大有帮助。

在汽车上使用安全座椅的机会成本比在乘客满员的航班上要低得多。

要提出更合理的解释，不妨先做一番观察。一旦你在汽车后座上安装了儿童安全座椅，把孩子系在里面是不花成本的，因为后座总是有足够的空间允许你做这件事。既然边际成本为零，而边际收益则是提高了孩子乘车的安全性，那么在开车时把孩子系在安全座椅里极为合理。可要是你搭乘从纽约飞往洛杉矶的航班，而且航班满座，你就必须多买一张机票才能把孩子用安全带固定在座位上。这大概要花掉你 1 000 美元（哪怕你乘坐的是周末深夜折扣航班）。

搭乘飞机时为孩子提供额外的安全保护太昂贵，这么说恐怕会让许多人觉得不舒服，但归结起来确实如此。所以他们紧紧地抱着孩子，希望一切顺利，而不是多花 1 000 美元再买个空座。

卡罗尔·斯卡泽拉、汤维·梅赫拉、吉姆·希亚罕恩、萨钦·达斯

为什么私家车座位上必备安全带，而校车上却没有？

除了新罕布什尔州（该州的州训是：“不自由，毋宁死！”），美国所有州都明文规定，汽车驾驶员和乘客必须系上安全带。但只有 4 个州——纽约州、新泽西州、佛罗里达州和加利福尼亚州，要求所有新校车上必须加装安全带。为什么会存在这样的差异呢？

根据美国国家交通运输安全局的统计，在汽车里使用安全带，一年能够拯救 1.2 万条人命。考虑到全美一年有 4 万多人因交通事故而丧命，1.2 万这个数字相当可观。在这些丧命者当中，有 1/8 是 19 岁以下的青少年——一年死亡 5 000 多人，但是因为校车出事而丧命的孩子，所占比例却极低——1990—2000 年，平均每年死亡人数仅有 10.2 人。国家研究委员会在 2002 年发表的一篇论文指出：走路、骑自行车和坐私家车上学，比搭乘校车上学的风险性更高。国家交通运输安全局的莉斯·内贝勒特说，校车的座位排列紧密，又有能吸收震动的高靠背，所以，“校车就像装蛋箱装鸡蛋那样保护着孩子们。它是最安全的公路交通工具。”

在典型的校车上增设安全带的成本，据估计是 1 800 美元左右。有证据显示，如果把同样多的钱花在改善校车站台旁行人过街通道的安全性上，能拯救更多的生命。

彼得·盖佐

为什么旅游船的防撞安全设备比汽车要少？

按照联邦规定，当今销售的大多数汽车，都配备有正副驾侧边气囊，三点固定式安全带以及有助于消除高速撞击时破坏力量的减震功能。为什么不规定休闲用汽艇也安装同样的装备呢？

基本上，所有汽艇使用者都会开车。站在理性个人和理性监管者的立场，最理想的安全设备投资标准是，花在安全性上的最后一块钱，能相应提高乘客的幸存概率。假设船主在汽车安全设备上投入的最后一块钱，带来的幸存概率增量小于花在汽艇安全设备上所投入的最后一块钱，那么，他自然会在汽车安全设备上少花一块钱，而在汽艇安全设备上多花一块钱，从而提高自己的幸存概率。

出于多方面的原因，特定安全设备安装在车上往往比安装在船上能带来更高的收益。最重要的是，普通司机每年开车时间长达几百个小时，而船主一年花在船上的时间，尤其在北方，很少超过 40 个小时。不管人在车上、船上待多少个小时，安装一套安全设备的成本总是一样的。所以，一套安全设备安在车上所拯救的性命，比安在船上要多得多（请注意这个解释和第 2 章“为什么打开冰箱时，冷藏室会亮灯，冷冻室却不亮？”一问解释的相似之处）。

由于水上交通一般不如陆路拥堵，船的平均行驶速度比汽车要慢得多，所以船上的安全设备不如汽车上那么重要。码头、运河及其他交通繁忙的水域，大多限制船速在每小时 8 公里以下——在这个速度下发生碰撞，乘客很少受伤。

当然，这么说并不意味着乘船是一项没有风险的活动。美国一年有 800 多人因乘船事故而丧生。而且，法律也规定，船主必须安装某些对提高乘船者幸存概率有显著影响的安全设备。比如，大多数州都要求，船只必须为船上的每名乘客携带一套个人漂浮设备。然而，这里的底线是，乘车比乘船的风险要高得多，所以在汽车安全设备上花更多钱，是有着充分经济合理性的。

一所颇有影响力的经济思想学院认为，法律是朝着推动效率的方向演进的。有效的法律，指的是能够最大化社会成员财富的法律。这一观点认为，如果同一条法律有两种不同的撰写方式，甲方式比乙方式更有效，那么，就应该用更有效的甲方式撰写法律，让所有人都享受到比无效法律下更好的境遇。

假设一部法律的甲版本能为消费者增加 30 亿美元的总财富，但不能提高生产者的财富；而同一部法律的乙版本，能为生产者增加 10 亿美元的财富，但对消费者没有好处。那么，甲版本的法律更有效，因为它创造的财富总增量更大。

但倘若生产者掌握着更大的政治力量，就能使乙版本法律强行生效。但法律效率论的支持者认为，生产者会利用手里的政治权力，获得足以补偿自身 10 亿美元损失的税收减免优惠，同意通过该法律更有效的甲版本。

另一家竞争学院虽然承认上述观点颇有吸引力，但却强调，为达成有效结果所必需的谈判，在现实生活中是很难办到的。所以，在他们看来，有时候法律和规章得以制定，并不因为它们能推动效率，而是为强权的特殊利益服务。

诚如上文诸多例子所示，推动效率的观点是说得通的，但特殊利益观也不乏合理之处。

埃文·普萨洛普洛斯

为什么边开车边吃汉堡合法，但边开车边打电话却不合法呢?

有证据显示，边开车边打电话，增加了司机出现事故的可能性，所以，美国不少州禁止这一做法，但有一些州允许司机开车时用免提打电话。可法律允许司机开车时进行其他看起来不无危险的活动：吃快餐、喝热饮、听 CD，甚至化妆。既然这类活动跟打电话一样能让司机分心，为什么却不违法呢?

一个可能的原因是，打电话比其他活动更叫人分心。例如，进行谈话的司机，比光是在吃汉堡的司机更加不专心。可司机在开车时跟其他乘客谈话又合法。有人认为，打电话比跟车里的乘客说话更叫司机分心，因为乘客能够判断交通情况，适时中止对话。可既然大多数州的立法者允许司机戴上耳机打电话，那么这个解释似乎也不够充分。

假设对这一法律的所有解释都说不通，那么不妨看看它可能给受其影响的人的收入带来什么样的改变。假设立法者禁止司机边开车、边喝咖啡或吃汉堡，快餐店的销售量就会陡降。因为害怕大企业会进行报复，拒绝提供竞选活动捐款，立法者不愿意制定这种法律。禁止开车时打电话，但戴着耳机又可以打，立法者规避了这一风险，因为手机运营商仍然能招揽到跟从前一样多的用户。实际上，不少运营商甚至还能通过耳机的销售赚取更高的利润。

另一个起作用的因素是，开车时吃东西是社会对个人行为施加安全管理细则之前早就通行的做法。所以，在立法者眼里，打电话和其他可能存在风险的行为，就成了更诱人的立法目标。这里，说了算的，还是历史。

本章的最后两个例子说的是，一些法律意在保护消费者免受掌握市场力量的公司伤害，而经济学原理对这部分法律的设计有着什么样的影响。两个例子都说的是纽约的出租车行业，市政当局规定，不先购买驾驶执照章[①]或营运许可，不得驾驶出租车。这就造成了一个合法的垄断状态。为了缓解交通堵塞，市政府只颁发数量相当有限的执照，这就使得出租车数量偏少（少于无此规定时出租车市场上应有的车辆数）。

结果，执照持有者获得了相当可观的市场力量，能够不受限制地向乘客索取远高于实际成本的出租车费。所以，市政当局不仅要管理可营运的出租车数量，还要限制它们的收费标准。这些管理条例的目的，不仅仅是为了保护消费者免受不公正待遇，也是为了推动人们对出租车的用途做出更有效的决定。

马里奥·卡波里奇

为什么出租车费要分为两部分，既有固定的起步价，又有变动的里程价，而不是直接收取较高的里程价呢？

根据 2006 年的纽约出租车管理条例，出租车起步价是 2.5 美元，外加每行驶 0.032 公里收取 40 美分，行驶过程中每停车等候两分钟，再多收取 40 美分。全世界各大城市都有类似的收费规定。为什么管理委员会

① 作为计程车执照象征的徽章。——译者注

不采取一套看似更简单的办法，取消起步价，直接收取较高的里程费和候时费呢？

由于出租车使用电子里程表来计费，所以，不管是现行收费方式，还是只计算里程数的收费方式，在难易度上没有什么区别。那么，采用现行的收费结构，更合理的解释应该是，它比仅按里程数收费更有效。要维持经营，出租车所有者必须计算所有的成本。一部分成本大致和行驶里程数成等比关系（如燃料、保养、车辆折旧等费用），可还有一部分成本并非如此。例如，投资出租车的机会成本，不管出租车行驶多长距离都一样，保险支出也都一样。还有，在要求出租车购买营运执照的城市，执照的市价也是一笔固定成本。（纽约的出租车营运执照，如今要卖 30 万美元以上。

最有效的出租车费结构，应该是让消费者尽可能根据由于自己用车而给司机带来的额外成本，判断是否决定搭乘出租车。如果出租车光靠行驶里程的收费方式来涵盖其所有成本，那每公里的里程费恐怕要好几块钱才够。这会打消很多行程较远的消费者乘坐出租车的念头——即便为这些消费者提供服务的实际额外成本，可能低于他们愿意支付的价格。

既有固定部分又含可变部分的收费结构，更接近大部分出租车的实际成本结构。这种收费结构降低了出租车的里程费，乘客无须为较长的行程支付高于实际成本的价格。这样一来，只要乘客搭乘出租车行驶较长里程所获得的收益大于自己支付的费用，他们必然愿意这么做。

特拉维斯·墨菲·派里森

为什么从肯尼迪机场坐出租车到曼哈顿任何目的地，一概收取 45 美元固定车费；而在纽约市其他地方坐出租车，则按计价器收费？

如果按照纽约现行的标准出租车费率公式，从肯尼迪机场到曼哈顿各目的地的计价费用，在不同的交通状况下，介于 30~70 美元之间。那么，为什么纽约出租车管理局要规定，从肯尼迪机场到曼哈顿只能收取 45 美元的固定车费呢?

肯尼迪机场是美国最繁忙的国际机场之一。旅游业是纽约的一项主要产业，让初次到访的外国游客获得一段美好的经历，对市政当局有着莫大的好处。因为不少外国游客英语水平有限，很容易上当受骗，其中也包括被出租车司机敲竹杠。为了让游客和其他缺少经验的旅游者不必担心司机绕远路，或采取其他方式收取不公平价格，纽约出租车管理委员会对从肯尼迪机场到曼哈顿的出租车服务做了限价规定。

The Economic
Naturalist

本章小结

- 针对任何商品确定并执行产权，都要求投入真正的资源。有时候，最终收益并不值得费这个劲。
- 强制执行产权的艰巨性，有助于我们理解为什么以某种方式管理资源比其他办法更有效。
- 为个人有限利益服务的行为，往往会伤害到个人所属的群体利益。
- 亚当·斯密的看不见的手，建立在以下隐含前提之上：个人的回报只取决于绝对绩效。但事实上，生活中大多数事情都是以相对位置定高下的。

THE ECONOMIC NATURALIST

07
市场信号揭密

IN SEARCH OF EXPLANATIONS FOR EVERYDAY ENIGMAS

- 为什么股票分析师很少推荐卖掉哪家公司的股票?
- 为什么律师花在汽车和衣服上的钱，比同等收入的大学教授更多?
- 为什么经济学里有那么多数学公式?
- 为什么本应比大多数人更擅长写作的人文学科教授，经常写出不知所云的东西呢?
- 为什么“接近全新”的二手车，比真正的新车便宜得多?
- 为什么因为组织绩效糟糕而炒掉领导者的策略，对组织高层显得如此具有吸引力呢?
- 为什么管理者容易高估批评的功效，低估称赞的作用?
- 为什么商店会在窗口上张贴“导盲犬可入内”的海报?

经济学家大多假定，人和公司对与自身决策相关的成本及效益，都掌握着充分的信息。然而，在实践当中，即便是在作重要决策时，我们也往往信息不足。不过，对于以下各例，成本效益原则却暗示：**在有限信息下采取行动的代价，比承担掌握充分信息所需的代价更划算。**

本章的第一个例子说明，尽管做决定者努力获得更多信息，但掌握相关信息的人无意照实透露，于是情况反倒变得更为复杂。

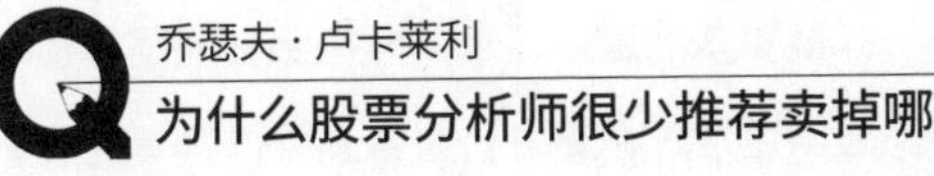

乔瑟夫·卢卡莱利

为什么股票分析师很少推荐卖掉哪家公司的股票？

虽然大多数年景，股市从整体上来看是增值的，但野心勃勃的投资者的目标是要比主流基准做得更好，如标准普尔 500 指数。于是，许多人借助职业股票分析师的推荐进行投资。然而，研究发现，这些建议几乎完全是片面的。例如，2000 年，股票分析师对全美公司做了 28 000 例推荐，其中 99% 以上都是建议大量买进或继续持仓。当年，建议卖掉某家公司股票的分析师推荐不到 1%。可如我们所知，2000 年，美国有大量公司股票价格下跌，有些甚至跌了一半多。为什么分析师总是倾向于做买进推荐呢?

如果说 2000 年的分析师犯了 20 世纪 90 年代末泡沫经济时期影响大多数投资者的“非理性繁荣”病，这倒是简单。可研究显示，在其他年份，分析师的推荐同样一味偏向乐观。

要对这一偏向做出合理的解释，不妨让我们看看股票分析师做推荐时所面对的成本和收益。设想有 5 名不同的分析师负责盯住同一支股票。每个人都想对该股在下月的价格走向做出准确预测，但他们同时也都希望跟被评估公司（多为其老板的客户或潜在客户）保持良好的关系。

考虑到上述情况，分析师非常希望在自己拿定立场前参考其他 4 名分析师可能做出的推荐。毕竟，他知道自己犯错的成本一定程度上取决于其他 4 名分析师所做的推荐。一开始他就明白，其他人的推荐多半会稍微偏向于买进，因为对分析师的东家来说，给受评估的公司拍马屁有好处。退一步来说，要是 5 个人全都推荐买进，而该公司的股价却跌了，那么，对分析师来说，这就是一个普遍的预见失误，他个人所承受的批评会很有限。

反过来看，要是他推荐卖出，其他 4 人推荐买进，而该公司的股价却涨了，那他就成了一个三重输家。他不仅推荐错误，而且这个错处引人注意，因为竞争分析师都看准了。雪上加霜的是，他的东家还会遭到潜在客户的憎恨。

在这种情况下，个别分析师最安全的做法，就是做出跟其他分析师一样的推荐。每个人都明白，做出买进推荐，更符合自家老板以及其他分析师老板的利益。另外，其他分析师也不光要分析公司股票的表现，还会分析别人会作什么样的推荐。所以，我们很容易了解，为什么分析师最保险的做法是给予买进推荐。当然，精明的投资者最终会了解，买进推荐对一支股票未来的价格，并未提供什么有用的信息。

市场交易总发生在利益存在潜在冲突的若干参与方之间，与其说这种情况是例外，倒不如说它是规律。卖方希望买方说出自己愿意付多少钱，可买方却害怕卖方索价过高，于是尽量掩饰自己的真实意图。同样，买方希望了解自己正在考虑的产品够不够好，而知道真实情况的卖方，却不可能透露产品的缺陷。在如此局面下，决策人怎样才能掌握更多有关信息呢？

生物学家早就利用基本的经济学原理，试图解答利益存在矛盾的动物之间的这类问题。比如，两条狗都想啃同一根骨头，在决定要不要打一架之前，每条狗都迫切希望了解对手的实力。对手不可能当众宣布自己的实力到底有多强，因为，“我很强！你最好别跟我抢这根骨头！”这一类的话是不可信的。

在这种局面下，狗只能暗中依靠**“难于造假原则”，也就是说，倘若潜在对手之间的某个信号真实可靠，那必定是难于造假（或因成本太高而无法造假）的**。体格就属于此类信号，因为狗的体格越大，就越可能是个难缠的打架高手。倘若狗遇到的对手体格明显偏大，它很可能会退缩。但要是对手体格明显偏小，那它就愿意打上一架。

在这种情况下，狗会尽量显得个头大一些。一旦它们唤起了要打架的情绪，后背毛囊周围的平滑肌会立刻绷紧，使颈毛竖起，显得块头更大。可在自然选择的作用下，现存所有的狗都具备这一身体机能，所以最终没人会受它的愚弄。不管颈毛竖不竖起，看上去块头较大的狗，确实块头较大。

为什么鸟巢里叫得大声的雏鸟最容易得到双亲叼来的虫吃？难于造假原则也做了解释。每只雏鸟都希望得到尽量多的食物，所以它大声叫唤，表明自己有多饿。可因为它的兄弟姐妹们也采取了同一战略，这一信号似乎并未提供有用信息。然而，实验显示，越饿的雏鸟叫起来声音越大。这里，动机很重要，而叫声最高亢的必要动机，是鸟儿真的饿了。

难于造假原则还适用于不同市场条件下潜在对手之间的沟通情况。

琼·莫瑞亚特

为什么生产商有时候会在平面广告和部分产品的外包装上印上“参见电视广告”的字句?

在电视上为产品做广告的制造商，有时候似乎很希望让潜在买家知道这个事实。因此，他们经常在报纸、杂志和产品包装上印上这样的广告语:“参见电视广告”。为什么顾客需要知道这种产品是否在电视上做了广告呢?

电视广告是很贵的，在某些时段，一段30秒钟商业广告的售价高达250万美元。当然，也不是所有的电视广告都贵。但即便是深夜时段在有线频道上播出的广告，也比大多数电台和平面广告要贵。所以，真正的问题应该是，为什么制造商希望人们知道自己下了大本钱，向潜在买家做宣传?

会有人在乎吗?

回答这一问题的关键是要注意到：同样的广告费，花在好产品上比花在坏产品上带来的回报更可观。广告最多只能诱惑潜在买家试用该产品。如果他们试过之后确实喜欢，才有可能反复购买该产品，并将这种产品推荐给朋友，只有这样，广告才能真正赢利。如果买家试用了一种产品，觉得很失望，那么就不会再买它，也不可能向朋友推荐。在后一种情况下，花在广告上的钱大部分就浪费了。

由于厂商一般会在产品正式上市之前，进行大量的焦点用户群测试，他们很明白哪种产品消费者会最喜欢。所以，要是生产者决定为一种产品投入大量广告费用，潜在买家可以合理地判断出，厂商很有理由希望消费者喜欢它。否则，厂商就不会花这么多钱给它做宣传。这样来看，不少生产者想要我们注意到他们的产品在最贵的媒体——电视上做过广告，也就不足为奇了。

为什么律师花在汽车和衣服上的钱，比同等收入的大学教授更多？

人们挣的钱越多，越愿意在大多数消费品上花钱。汽车和衣服也不例外。

富人在衣服和汽车上花的钱都比穷人多。但收入并不是此类支出的唯一决定因素。比如，假设收入和品味都类似，可律师花在衣服和汽车上的钱就比大学教授多。为什么会存在这一差异呢？

如前所述，人们挣钱多少和花钱多少成正比关系。人们的能力高低，与他们在竞争性劳动力市场上所得到的薪水，也成正比关系。合在一起，上述关系暗示，在人们的才能高低与他们花在汽车和衣服上的钱数多少之间，存在正比关系。所以，我们可以根据一个人穿什么样的衣服，或者开哪种车子，粗略地猜测一个人的才能高低。

有些职业比另外一些职业更讲究着装，因为它代表着本人的能力高下。

这种猜测，用在某些职业上比另一些职业更准确。比如，有才能的律师，需求量大，收费高；而最有才能的教授，也往往比其他能力稍差的同事收入要高些。而根据对方穿什么衣服、开什么车来判断其潜在能力的高低，用在律师身上比用在教授身上更准确。倘若客户想聘用业务纯熟的律师，必然有相当充分的理由拒绝一个开着锈迹斑斑、车龄 10 年的雪佛兰的家伙。反之，倘若一位化学教授开着同样的车，学生毫无理由怀疑他的能力。

倘若对潜在客户来说，律师开什么样的车，能些微暗示出其能力的高下，那么，律师肯定会在汽车上多花钱，充分利用这一信号的暗示含义。只要律师们在这一支出竞赛上较上了劲，从平均的角度来看，最有能力的律师还是会开着最昂贵的车。可也有不少人会因此在汽车上花掉超出预计的钱。简而言之，律师在汽车和服装上面临更大的压力，因为对他们来说，要是客户由于这些信号误会了他们的能力，代价未免太大。没能跟同事保持同等支出水平的律师，会显得比真实能力要差些，正如没能在打架时竖毛的狗，会显得比实际体格小一些。

反之，教授最重视的专业成就，并不因为他们在衣服或汽车上花更多钱就更容易实现。教授希望自己的论文发表在顶尖学术期刊上，希望自己正在研究的课题能得到资金赞助。可负责做上述决策的人，一般并不在乎教授穿什么衣服、开什么车。

为什么经济学里有那么多数学公式？

经济学使用数学模型已经有很长一段历史了，也因此得出了不少有关市场如何运转的深刻洞见。可到了 20 世纪中叶，经济学里数学形式主义越演越烈，连好多业内人士都感叹说，数学公式滥用成灾。为什么经济学家用数学公式用到走火入魔呢？

数学形式主义的步步升级，与学术性工作竞争越发激烈是相辅相成的。在一个重视精确的职业里，两名候选人，谁能让别人觉得更精确，谁就占了优势。熟练地运用、构建成熟的数学模型，智力低下的人可办不到。掌握了公式，候选人就能传达出有关自身威力的可靠信号。所以，候选者很有理由在磨炼数学技能上大花时间和功夫。

但和其他地方一样，这里信号的强度取决于前后背景。当越来越多的经济学家在工作中提高了公式的应用程度，表现智力的临界值也逐渐提高了。或许，就是这一竞赛导致了公式的泛滥成灾吧。

经济学中的数学形式主义越演越烈，跟人们在鸡尾酒会上提高音量是同一个道理。在充斥着大量噪音的嘈杂空间，你必须大声说话才能叫人听见。而一旦所有人都提高了音量，噪音程度也提高了，于是人们就必须用更大的音量说话。

为什么本应比大多数人更擅长写作的人文学科教授，经常写出不知所云的东西呢？

大多数群体的成员在沟通能力上存在巨大的差异，就连个人成功严重依赖于这种能力的政治家也未能例外。有些人，比如比尔·克林顿，就是善于表达的楷模；而另一些人，比如小布什，很多时候都让人没法弄懂他的意思。然而，另一些群体的成员，在口头表达能力上却不应该存在太大区别。例如，要是不能在书面和口头语言上都表现出过人天赋，想成为人文学科的教授是很困难的。可是，在人文学科教授的专业著述中，却少有能叫人轻易看懂的段落。举个例子，哲学家玛丽亚·卢格尼斯（Maria Lugones）曾写过一篇名为《街头妓女战术策略》的文章，内有如下一段话：

> 我打算采用放弃二分法的战术策略，这一策略和反抗或解放认识论同样至关重要。而要这么做，就必须理解伴随着社会断裂而出现的集体的崩溃，并将对其危险性的前瞻摸索理论化，同时又不为其逻辑所迷惑。

或许大多数人文学科教授能够毫不费力地看懂这段话，但根据对其他人做的非正式调查，大部分人都说看不懂。为什么人文学科教授的著述会偏离普通读者的理解范围呢？

假设之一是，人文学科论文的塑造模式类似于经济学论文的塑造模式。正如经济学家所希望的，跟其他求职候选者比起来，自己显得更为精确，人文学科教授也希望显得博学多才。假设最开始的时候，大多数人文学科教授说话写作都用的是浅显易懂的句子，这样一来，某一个教授往著述中插入个别非常用字词或表达方式，就能获取优势。毕竟，这样做能给人留下印象：该教授说话有权威，因为他显然懂得读者所不知道的一些东西。

当然，最初教授们不会插入太多非常用的字词和表达方式，因为那时读者会抱怨著作难以理解。可随着表现个人博学的插入语越来越多，专业读者最终理解了许多从前不熟悉的字词和表达方式。到了这时候，要想给读者留下博学的印象，个别作者就必须再下点猛药。因为这么做的人越来越多，专业读者对“看懂”的标准就出现了变化。等尘埃落定之后（如果真的有过的话），人文学科教授的专业著述跟日常惯用书面语大相径庭，这也就不足为奇了。

曾有这样的说法：**市场上有两种买家，一种是不知道自己在做什么的人，一种是不知道自己不知道在做什么的人。头一种买家，因为考虑到自己缺乏知识，不明白价格与质量存在的可见联系暗示着什么，有时能够限制自己的损失。**以下两例都与非对称信息有关。卖方对产品的质量，比潜在买家了解得更多。而买家的任务，是根据卖方可见的行为，推测产品质量到底好不好。

乔治·艾克洛夫

为什么“接近全新”的二手车，比真正的新车便宜得多？

一旦新车开出经销商的停车坪，立刻就跌价20%以上。考虑到如今的汽车使用寿命一般在30万公里以上，那为什么里程表上多了几公里，就能让汽车价格陡降呢?

一部分跌价反映的是批发和零售的价格差异。新车第一次卖出，买家付的是零售价，比经销商给的批发价要高 15% 左右。倘若私人消费者买了一辆车，然后决定立刻卖掉它，就成了一个业余的汽车经销商。他当然希望尽可能按照最初的零售价卖掉它。可在尝试的过程中，他必须跟大量专业经销商展开竞争，而后者有着亮堂好看的展示厅，聘有经验丰富的销售员和维修机师，又因为专业经销商更容易吸引感兴趣的顾客，私人卖家索价较低在意料之中。

近乎全新的二手车比真正的全新车卖得便宜得多，还有一个重要的原因。由于制造和装配流程的不同，新车下线时，不同的车可靠性并不完全一样。这种可靠性上的差异，又因为不同车主保养汽车的差异而遭到放大。有一部分二手车虽然新，但有缺陷，可即便是受过专业训练的维修师都不一定能将之分辨出来。结果，对二手车的车况，车主一般比潜在买家了解更多。

这一信息不对称，对二手车的价格有着巨大影响。假设一个人认为一辆性能可靠的二手车值 2 万美元，不可靠的二手车只值 1 万美元；又假设一半的二手车性能可靠，那么，所有二手车的平均价值就变成了 1.5 万美元。

在这样的条件下，二手车的售价会低于 1.5 万美元。想知道为什么?让我们假设所有的二手车都卖 1.5 万美元。那什么样的二手车会卖这个价呢? 如上所述，假设人们认为可靠的二手车价值 2 万美元，那拥有一辆可靠二手车的车主绝不会索取较低的价格。反之，拥有不可靠二手车的车主，会很乐于以 1.5 万美元的价格卖掉它，因为他们认为自己的车只值 1 万美元。这也就是说，只有不可靠的二手车，才会愿意以 1.5 万美元的价格出售。所以，除非二手车价格的折扣大，否则不会有人愿意购买。

当然了，在现实生活当中，一部分二手车的转手原因跟它们性能的可靠性没有关系。在这种情况下，卖方会尽力沟通自己迫不得已卖车的原因。“因为我被公司调职到伦敦，只好卖掉这辆沃尔沃……”或者“刚生了个孩子，只好忍痛卖掉这辆保时捷。”

为什么澳大利亚电影在美国如此成功?

《烈血焚城》《悬岩上的野餐》《终浪》《舞国英雄》《沙漠妖姬》《我的璀璨生涯》《冲锋车队》《加里波里》《红磨坊》《小姐弟荒原历险》《爱情无色无味》《末路小狂花》《危险年代》《穆里尔的婚礼》《闪亮的风采》《鳄鱼邓迪》，等等，这些电影有什么共同点?

上述每一部电影都是澳大利亚出品，每一部都吸引了大量有眼光的美国观众。这些电影大多数都是靠着极为有限的预算拍摄出来的。从整体上来看，它们比普通的美国电影要成功得多，毕竟，后者的预算可要充足不少呢。在美国上映的澳大利亚电影如此成功，原因在哪里呢?

有人猜测，澳大利亚文化比美国文化更鼓励创造性劳动。但有一个更简单的解释值得考虑——在美国上映的澳大利亚电影并不代表澳大利亚近期所有电影的平均水平。

在美国市场上映一部电影，比在其他市场要贵得多。光是广告预算往往就超过数千万美元。只有当一部电影有可能吸引到大量观众，电影行业的管理者才愿意投资这么多钱。人们决定是否看某一部电影，受很多因素的影响。一个大明星，或者一位著名导演，能吸引不少人掏钱买票；热门电影的续集会有现成的观众；评价正面的影评显然也有所帮助。但最重要的一点大概是，人们去看电影，是因为口碑。

当本文开篇提到的那些澳大利亚电影最初登陆美国时，大多数美国观众从来没听说过相关的导演和演员（虽说有些人，如彼得·威尔和梅尔·吉布森，后来变得家喻户晓）。这些电影也都不是哪部热门片子的续集。

要想在美国成功，它们只能仰仗本身良好的质量，赢得观众的喝彩和正面的口碑评价。所以，美国观众觉得澳大利亚电影的平均水准这么高，只不过是因为，只有澳洲最好的电影，才能成功打入美国市场。

决策者信息不足，这也就罢了；更叫人头痛的是，现有的信息往往并非“可用的信息”。如果根据现有的信息来看，在某些场合，产品质量比表面上看要高，而在另一些场合，质量又比表面上看要低。可还有的时候，现有的信息会营造出一幅系统化的误导图像。在以下两个例子中，**只要意识到了既成偏见的倾向性，决策者大多能获得好处。**

为什么在棒球界，年度新秀选手的次年表现一般都不好？

2002 年，三垒手埃里克·辛斯基（Eric Hinske）为多伦多蓝鸟队打出了 0.279 的好成绩，在 151 场比赛中，他打出 24 记本垒打，84 个打点，赢得当年美国棒球联盟的年度新秀奖。但在随后的两个赛季，他的打击率[①]只有 0.243 和 0.248。这种现象并不罕见。当选职业棒球协会新秀的选手，一般会在头一个赛季打出能叫已成名老手都自愧弗如的好成绩。但在大联盟的第二年，除去多了一年经验，许多人的成绩都不如前一年。由于这种现象频频出现，人们甚至给它起了个名字：二年生症候群。如何解释它呢？

① 棒球运动中，评量打击手成绩的重要指标。一般来说，职业棒球选手的打击率在 0.280 以上，被认为是一个称职的打者。——译者注

可能性之一：对方投球手发现击球手的弱点需要一定的时间。但如果这个解释成立，所有二年次球员都应该出现成绩下滑，而不仅仅是年度新秀。可从总体上来看，二年次球员一般都比新进球手有进步。

更合理的解释是，“二年生症候群”只是一个统计错觉。哪怕是最优秀的球手，也不可能一直保持完美状态。他们某个年度的打击率和其他进攻数据很可能比其他年度要高得多。按照定义来看，只有水平超常发挥的球员，才能赢得年度新秀奖。这也就是说，在这一年，他们的成绩比将来的平均成绩可能要高得多。而在大联盟的第二年，刚好排在这一年的后面。那么，第二个赛季的成绩差一些，也就不足为奇了。

“二年生症候群”这个现象，在统计学上称之为“回归平均”。一旦碰到随机性成功，必定会出现“回归平均”。球员打出一场超常发挥的成功比赛之后，后一场球赛的表现都会回归正常。但大多数时候确实要差一些。

为什么因为组织绩效糟糕而炒掉领导者的策略，对组织高层显得如此具有吸引力呢？

如果一支职业运动队整个赛季都表现不好，球队老板的下意识冲动就是把教练或经理炒掉。同样，要是一家企业遭受巨大的损失，董事会的下意识冲动就是把总裁给炒了。在新任领导管理下，球队或企业来年的表现更好，是否说明上述做法有道理呢？

比赛中输了一个赛季，和企业某一年亏损一样，一般是多重因素造成的。领导者要负一定的责任，但在一个真正算得上糟糕的年景，起负面作用的很可能还有其他许多因素。这些因素大多展现出随机波动性，和谁当教练、谁当总裁无关。如果哪一年这些因素极端不利，那来年它们很可能会回归正常范围。

新任领导一般是在坏年景之后才上任的，这意味着，即便新任领导并不比原来的领导更出色，来年的绩效也会好一些。这一进步只不过是另一个“回归平均”的例子。当然，前一任领导可能真的很差劲，理当被炒。但我们应当明白一个起码的事实：炒人之后紧随而来的组织绩效反弹，并不能说明炒掉经理是正确举措。

为什么管理者容易高估批评的功效，低估称赞的作用？

严厉的管理者看到员工犯错，总是会立刻加以批评；可当员工做得出色的时候，却迟迟不予表扬。反之，敦厚的管理者却是热心表扬，迟于批评。哪一种风格更有效呢？由于没有正确答案，新上任的管理者在培养最适合自己的风格时，大多会先做实验。可这类实验往往带着先入为主的偏见。它们会让不少管理者得出结论：表扬效果比较差，批评更管用。可实际情况并非如此。这种偏见是怎么来的呢？

原因还是那个导致“二年生症候群”的统计现象——“回归平均”。和棒球选手一样，员工不可能随时都保持同样的绩效标准。有些时候，他们的绩效比长期平均值要高一些，有时候要低一些。不管得到管理者什么样的反馈，员工在某个星期绩效低于正常水平，下一个星期很可能会提高——回归一个更为正常的成绩。反过来说，不管上司表不表扬，员工这个星期超水平发挥，下个星期很可能会回潮。

结果，对员工失误偏重于批评的管理者，会把其后的绩效改观（其实本来就会出现），错误地认为是自己严厉的批评产生了效果。反过来，在员工表现出色时给予表扬的管理者，则会错误地将其后的回潮（也是本来就会出现的）归咎于自己宽厚的管理风格。

实验表明，至少在某些环境下，鼓励性的管理风格比严厉的批评风格，更容易激发出员工良好的表现。这一类的证据，可能比因“回归平均”而产生偏差的偶然印象更可靠。

本章最后一个例子说的是，**成本效益原则有时候能帮助我们理解表面上毫无意义的信息。**

莫里斯·赫尔南德兹

为什么商店会在窗口上张贴“导盲犬可入内”的海报？

很多商店会在窗户上张贴海报，告知消费者本店的政策。比如，有些商店不允许顾客赤足或赤膊入内，禁止吸烟、禁止携带宠物的店也越来越多。然而，尽管宠物不得入内，但商店总会额外贴张告示，说导盲犬允许入内。但不管是导盲犬还是它们的主人，都看不到这些告示，为什么要多此一举呢？

有视力的顾客没有导盲犬，因此也就不需要知道导盲犬是否允许入内。即便如此，叫这些顾客知道导盲犬例外，对店主来说仍然有好处。有些人可能看见商店里有狗，但没认出那是导盲犬，于是错误地得出结论：这家店根本没有严格执行“宠物不准入内”的政策。还有其他人可能会觉得，所有宠物一概不得入内不合理，因为这样会对失明的顾客造成歧视。

不可否认，这些好处非常细微。但海报本身的成本也不贵，就是些招贴画而已。即便它们创造的好处不多，张贴出来也是有意义的。

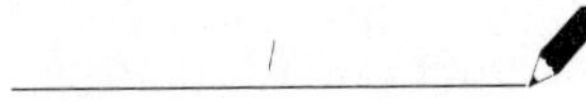

The Economic Naturalist

本章小结

- 在有限信息下采取行动，比承担掌握充分信息所需的代价更划算。
- “难于造假原则”，也就是说，倘若潜在对手之间的某个信号真实可靠，那必定是难于造假（或因成本太高而无法造假）的。
- 市场上有两种买家，一种是不知道自己在做什么的人，一种是不知道自己不知道在做什么的人。头一种买家，因为考虑到自己缺乏知识，不明白价格与质量存在的可见联系暗示着什么，有时能够限制自己的损失。
- 只要意识到了既成偏见的倾向性，决策者大多能获得好处。
- 成本效益原则有时候能帮助我们理解表面上毫无意义的信息。

THE ECONOMIC NATURALIST

08 现实中的博物经济学

IN SEARCH OF EXPLANATIONS FOR EVERYDAY ENIGMAS

- 为什么在韩国和不少其他亚洲国家，电影院对号入座，而在美国的电影院却是随到随坐？
- 为什么美国的电影院一般允许观众一张票看多部电影，而亚洲的电影院却只许一张票看一部电影？
- 为什么美国男足在国际比赛中表现这么差劲，而美国女足却好得多？
- 为什么欧洲人比美国人更喜欢购买排量小的车型？
- 为什么在新加坡售出的汽车当中，豪华车所占的比例比美国高？
- 为什么行人不遵守交通规则，在罗马要被处以罚款，在纽约却不？
- 为什么美国采用的 DVD 格式，与欧洲及其他地区都不同，而 CD 格式却到处都一样呢？
- 为什么日本夫妇在婚礼上的开销比美国夫妇多？

在不同的国家，经济生活的细节各有不同。比如，日本的住宅比美国的要小得多。人们往往把这种差异归因于文化的不同，但这就引出了另一个问题：为什么文化会不同？这些不同，只是几千年前偶然出现的习俗造成的吗？心理学家杰罗姆·凯根（Jerome Kagan）曾指出，许多文化规范，都是不同时代、不同地域的人为了解决当时当地面临的一系列问题而出现的。他发现，儿童死亡率高的社会，其文化大多提倡虚无淡泊和身外超然；战乱频发的社会，其文化盛赞勇气。

本着凯根的精神，本章要来看一看，由于相关成本收益不同而导致的各国行为差异。**人均收入是各国之间最显著的一个差异。不同收入的人大多会做出不同的选择，不管他们的文化背景如何。**

维韦克·谢希亚、卡彦·乔纳拉戈达

为什么大多数亚洲国家手机短信的使用远比美国更普遍？

到亚洲国家旅行，你会发现，各种年纪的人都忙着用手机给别人发短信。可在美国和欧洲，短信却远远没有这么普遍。这一差异该如何解释呢？

直到最近，很多亚洲国家的传统电话网都不如美国发达，但手机很快得到了大面积推广使用。短信所需的带宽比声音信号要少得多，所以使用费也较便宜。除了日本，其他亚洲国家的人均收入都比美国低得多，所以亚洲人更愿意选用短信资费方案。

试过的人都知道，在手机键盘上输入短信，是一项需要花时间花精力培养的技能。由于习惯了使用这一通信模式，不少早期的使用者虽然付得起语音通信费，但仍愿意继续利用这一功能。而较为富裕的美国人，一开始就采用的是语音通信方式，因此没有太多练习输入短信的动力。

对于这一解释，许多人或许会反对说，短信在其他一些西方发达国家也很普遍，比如芬兰，该国的传统电话网络一直很发达。但芬兰人热衷短信的原因或许在他们出了名的孤僻的民族特性上。“该怎么辨认出外向的芬兰人呢？”有个笑话里问道。“容易极了，就是眼睛一直盯着你鞋子的那个。”

鲁伊兹·费尔南多、法葛·布佐林

为什么巴西铝制易拉罐的回收利用率比美国高？

美国有 11 个州规定，消费者每买一听铝制易拉罐饮料就要付 5 美分甚至更高的保证金，公共服务机构也经常督促他们回收利用易拉罐。要拿回保证金，消费者必须把易拉罐送还就近的回收中心。和其他地方一样，大多数大型便利店都回收易拉罐。可全美每年卖出的 700 亿听铝制易拉罐，得到回收的只有一半多一点，大多数都直接当成垃圾处理掉了。反之，巴西出售的易拉罐不收取保证金，也没有便利的回收中心，巴西政府也没有通过公共机构宣传，敦促消费者回收易拉罐。可巴西每年卖掉的铝制易拉罐，90% 都得以回收利用。为什么巴西的回收率比美国高呢?

尽管巴西没有保证金制度，也没有便利的回收中心，但铝制易拉罐可以卖给处理厂，厂方将之融化后当作再生铝出售。由于巴西人的平均收入还不到美国人的 20%，赤贫的情况很普遍，整个巴西约有 20 万人靠捡易拉罐为主要谋生手段。反之，很多美国人都觉得犯不上花时间去回收中心排队拿保证金，所以他们用过的易拉罐大多直接送到了垃圾焚化厂。按容器回收组织的说法，在过去 20 年里，被直接扔掉的易拉罐，总计达 1 100 万吨，价值 120 亿美元。

虽说保证金制度并未提高易拉罐的循环利用率，但还是产生了积极效果：扔在公共场所的铝制易拉罐，立刻会有拾荒人捡走。和巴西不同，美国拾荒者很少到垃圾处理厂去找易拉罐，因为在不少地方，这么做不合法。

尽管亚洲的人均收入比美国和欧洲要低，可由于亚洲人口密度大，不少亚洲国家的地价高得多。这种价格差异给娱乐业带来了有趣的影响。

格洛丽亚 · 金

为什么在韩国和不少其他亚洲国家，电影院对号入座，而在美国的电影院却是随到随坐?

在韩国首尔，观众看电影都是对号入座。可在美国芝加哥，观众进场后，只要有空座的地方都能坐。这种差异是怎么回事呢?

不管在什么地方，对号入座都是要花成本的。比如，售票员要问清观众的座位喜好，引座员必须把他们带到准确的座位，如果碰到多个人争夺一个座位的情况，还要加以调解。这些成本，放诸各国皆准。所以，这一国际性差异很可能源于对号入座在各国带来的不同收益上。

在人口大致相当的城市，美国电影院每部电影的放映次数总是多于亚洲各电影院。电影放映次数多，能给观众带来至少两个好处。一是观众更容易找到在某一时间适合自己的电影。二是每部电影放映时，电影院都有相当一部分的空座，方便观众在最后一刻决定看哪一部电影。

亚洲电影院电影放映次数较少，是因为与美国相比，亚洲观众的人均收入较低，而地价又较高。

频繁的放映次数会提高成本，收入较低的人自然不愿意为这么做所带来的便利性埋单。亚洲较高的地价使得修建电影院更昂贵，进一步限制了电影放映的次数。

由于电影放映次数少，亚洲影院上映的电影大多数时候票都能卖光。而既然观众料到一部电影会满座，自然会提前到场，以便买到电影票。于是电影开场之前就要排很长的队。因为排长队并不能增加座位的供应量，所以从整体上来看，提前到场、买到好座位的时间就给浪费掉了。然而，拒绝排队的人又看不到电影（这又是个人利益与群体利益相矛盾的一个例子）。

对号入座是解决这个问题的一个简单办法。观众提前买好了对号入座的票，每个人都能得到座位，用不着排几个小时的队等。

弗兰克·付

为什么美国的电影院一般允许观众一张票看多部电影，而亚洲的电影院却只许一张票看一部电影？

虽然并未大肆宣传，可大多数美国电影院并不阻拦观众买一张票看几部电影。观众向电影院入口处的服务员出示了电影票之后，就没别的查票点了。所以，看过了想看的电影之后，他们还能免费看第二部，甚至第三部电影。反之，在亚洲的大多数电影院，每一个放映大厅的入口处都会仔细核查电影票。为什么存在这样的区别呢?

要做出合理的解释，首先我们要看到，在美国的电影院，电影放映时有很多空座，而在亚洲的电影院，座位大多会卖光。这一点在上个例子中已经谈到。所以，如果美国电影观众看第二场电影时不另外买票，并不会妨碍其他人看电影。反之，要是在亚洲的电影院，有人不另外买票就想看第二场电影，就会让别人看不成。

因此，在拥挤的亚洲电影院，阻止观众买一张票看多部电影的好处，比在座位半空的美国电影院大得多。又因为给每个放映厅雇用检票员很费钱，亚洲电影院的管理者有动机要把这一做法坚持到底。

此外还有可能是，不执行一票一场的做法能帮助美国影院管理者增加售票收入。尽管在美国电影院，放映厅门口没有单独的检票员，大多数观众每次也只看一部电影。而且少数想看多部电影的观众是否决定买票入场，全在这张票能否允许他看多部电影上。所以，不执行一票一场的规定，能提高总售票收入。

换言之，不执行某种政策，或许只是价格歧视的另一种形式罢了。较之其他人，违反默认一票一场规矩的观众，一般对价格更为敏感。这时候，不执行该政策，就充当了一道简易门槛，使得影院管理者既能给这部分观众打折，又用不着给其他人降价。

最后，观众因为要看多部电影而多次到影院小卖部买零食所带来的额外收入，很可能抵消了一张票看多场电影所带来的门票损失。

接下来的几个例子说的是，一部分有趣的国际性差异，源自从事不同职业所造成的机会成本差异。

戴夫·德克

为什么美国男足在国际比赛中表现这么差劲，而美国女足却好得多？

20 世纪，不管是男子比赛还是女子比赛，美国一直在奥运会金牌总数上居领先地位。近年来，美国女足在世界比赛中大出风头，可美国男足却是出了名的二流球队。为什么会出现这一差异呢？

截至 20 世纪 60 年代，美国学校里很少有人踢足球，职业比赛就更少了。那之后，足球虽然在美国得到了相当程度的推广，可仍然是种二流运动。而一直以来，橄榄球、棒球、篮球和曲棍球的职业选手的年薪都在 7 位数以上，最有天赋的年轻运动员多投身于此。结果，足球队只能从一群天资有限的选手里选拔球员。

反过来看，在世界其他地方，足球一直是一项主流男子运动。在大多数国家，每一个有天赋的年轻运动员都梦想成为足球明星。美国男足在国际比赛中频频失利，是因为其他国家都是从最拔尖的运动员里选拔球员。

美国女队的国际形势更为有利，因为在其他大多数国家，参与运动的女性人数很有限。而在美国，教育法修正案第 9 条规定，学校在男女运动项目上的开支必须相当。由于美国没有其他高收入女子职业体育联赛，所以，最有天赋的女运动员不会被其他运动项目投标买走。

虽然不少有趣的国际行为差异源于价格与收入，可还有一些国际行为差异则是因为各国经济政策不同所造成的。

托马斯·普吉尔

为什么美国消费者购买的食糖价格，比全球通价高两倍多？

2005 年，美国粗糖的价格平均是 22 美分 / 磅，可全球市场上的均价仅为 10 美分 / 磅。何以解释这一巨大的价格缺口呢？

简单的回答是，美国对进口食糖征收超过 100% 的关税。可这又引出了另一个问题：为什么国会立法者要制定一道每年让选民花费 20 亿美元的政策？要得出合理的答案，不妨先看看选民和国内食糖生产商所面对的不同诱因。

由于普通家庭花在食糖上的钱只占收入的很小一部分，不到 1%，所以很少有选民会费事向民选代表抱怨食糖的高价。实际上，大多数选民恐怕根本不知道食糖进口税的存在。

可对食糖生产商来说，动机就全然不同了。据估计，食糖进口税能使佛罗里达州一家大型生产商的年收入提高 6 500 万美元。面对如此庞大的利益，生产商们不仅写信，还聘用资深说客去游说议员。更重要的是，他们还给支持食糖进口税的议员提供大量竞选捐赠金。

强加在美国消费者身上的成本，生产者挣去了一少半，可政治势力对废除食糖进口税却依然态度暧昧，因为关税带来的好处集中，成本却高度分散。

为什么欧洲人比美国人更喜欢购买排量小的车型？

宝马的 5 系汽车，在全世界都有售。在欧洲，不少司机选择排量为 1.6 升的车型，可在美国，宝马车的最低配置也是 3 升 V6 发动机。一般而言，欧洲卖的汽车排量比美国小，气缸数量也较少。为什么欧洲人更愿意买排量较小的车型呢?

有人以为是欧洲拥堵的公路，使得高性能发动机的用武之地不如在美国大。可很多欧洲公路没有速度限制，开保时捷和法拉利的司机常常开出每小时 240 公里的速度来。

欧洲人更愿意买排量较小的车型：燃油税高的结果?

当然，这些司机都是不怎么在乎钱的那种人。较之于普通美国人，普通欧洲人更喜欢小排量的车型，原因是欧洲的税高。比如近年来，欧洲 1 加仑汽油的含税均价，比美国高两倍。还有一个因素是，部分欧洲国家是根据发动机排量征汽车税的。

欧洲人选择购买排量较小的车型，不是因为他们不喜欢开快车，而是因为政府对排量大的车型收税太高。

杰奎琳·秦

为什么在新加坡售出的汽车当中，豪华车所占的比例比美国高？

新加坡的人均收入比美国低 1/3 左右，两国的收入分配基本上差不多。可宝马、奔驰和其他豪华车厂商在新加坡所占的市场份额却较高。为什么新加坡人更喜欢买豪华车呢？

由于新加坡人口密度大，该国政府采取了严厉的措施限制汽车污染和交通堵塞情况。例如，该国建立了一套有效的公共交通系统，并对汽车收取大笔牌照费。出于上述目的，新加坡的汽车牌照费有三个重要特点：

- 一是很贵，比最豪华汽车的税前价还要贵；
- 二是牌照费大体上跟所购车价无关。不管是买宝马 745i 还是买本田思域，牌照费都一样，哪怕前者比后者贵 5 倍；
- 三是旧车的牌照费比新车贵，因为汽车的污染控制技术一直在稳步提高。通过对污染大的旧车收取高牌照费的方式，政府鼓励司机购买污染小的新车。

高昂的牌照费使得新加坡人拥有汽车的比例比美国低得多。中低收入的新加坡人主要依靠公交系统，只有相对富裕的人才拥有私车。另一个结果是，在美国，买豪华车一般比买经济车要贵 5 倍，可在新加坡，加上牌照费，豪华车价格只比经济车高不到 3 倍。

总体而言，旧车的牌照费陡增，说明了为什么新加坡公路上新车的比例比美国高。高昂的牌照费使得只有富人才买得起车，再加上豪华车的价格（含牌照费）比经济车相对较低，说明了为什么新加坡道路上新款豪华车的比例很高。

约瑟·维斯

为什么行人不遵守交通规则，在罗马要被处以罚款，在纽约却不？

凡是到过曼哈顿的人都知道，此地的行人很少注意红绿灯。只要道路上稍有空隙，他们就会闯红灯穿越马路。而且他们全都当着巡警的面这么做，因为他们知道，虽然法律禁止不遵守交通规则的做法，可事实上很少有人吃罚单。反之，在罗马，警察会照规矩给乱穿马路的人开罚单，所以该市闯红灯的人相对较少。这一差异的原因何在呢？

如果是要解释为什么在柏林乱穿马路的人要挨罚单，我们大概可以说，德国人照章办事是出了名的。可很少有人这么说意大利人。

然而，纽约和罗马两地的交通状况存在一个显著的差异，这一点大概有助于解释执法上的不同。在纽约，基本上所有道路上行驶的都是汽车和卡车。如果行人窜到汽车或卡车前面，他很可能会受重伤甚至死亡，但不会给司机造成什么身体伤害。反之，罗马的大多数道路上充斥着自行车和摩托车。故此，在罗马乱穿马路的行人，伤着自己的可能性比在纽约低，但伤着别人的可能性相对更高。

最后，罚款做法上的差异，似乎和税收政策的差异存在间接关系。意大利的油价高，汽车税高，街上骑自行车和开摩托车的人比纽约多，所以，必须对乱穿马路的行人严格执法。

接下来的这个例子讲的是，**表面上相似的产品，在不同国家的营销手法上存在着有趣的差异。**

瓦莱丽·鲍彻里奥

为什么美国采用的 DVD 格式，与欧洲及其他地区都不同，而 CD 格式却到处都一样呢？

如果有个法国游客，去拜访住在纽约的亲戚，带了一张巴黎买的 DVD 当礼物，他们很快就会发现，美国 DVD 播放机放不了它。同样，如果她在纽约买了一张 DVD，也会失望地发现，家里的法国 DVD 播放机放不了那张美国 DVD。可 CD 却从来没有出现过这类问题。在这个星球上任何地方购买的 CD，不管用哪个国家卖的 CD 机都能播放。为什么 DVD 厂商采用多格式方案，而 CD 厂商没有呢？

要找出说得过去的解释，首先要看到，电影制片厂向大众市场投放两种产品——电影院上映的电影和 DVD 碟片，而音乐公司则只有一种——CD。这三种产品有一个共同之处：它们为额外消费者提供服务的边际成本极低。比如，对于大多数在电影院放映的电影，在某些场次总有多余的空座。而等电影或音乐专辑制作好之后，多生产一张 DVD 或者 CD，所费成本也就是几分钱。制片厂有两种待售产品，促使他们采用一种独特的营销策略。

每个卖家的目标，都是让顾客尽量多地为自己的产品出钱。如前所述，要实现这一目的，一个有效方式是提供折扣价，可只有愿意跨过某道门槛的消费者才能享受这一折扣价。电影制片厂采用了一种尤其管用的门槛，对电影院上映的电影索取高价，但几个月发行后的 DVD 则卖较低的价格。一个四口之家到电影院看一部刚上映的新电影，大概要花 40 美元，可要是他们愿意等几个月，就能以 3 美元的价格租一张 DVD 在家看。在电影上映的同时发行 DVD，会危及昂贵电影票的销路。

制片商一般会在主要的几个国际市场错开电影的首映日，以便演员前往宣传。因此，一部电影可能在美国是 9 月上映，在欧洲则是次年 2 月，亚洲是次年 6 月。如果 DVD 格式全世界都一样，美国的 DVD 2 月上市，欧洲和日本的租碟店就能从亚马逊网站上买到它，租给本地消费者。于是欧洲和日本消费者就能赶在本地电影院上映前看到这部电影，省下较高的电影票钱。不同的国家 DVD 格式不同，是为避免此类情况发生的一种尝试。

音乐公司也面临着类似的动机。毕竟，错开各地市场的 CD 发行日期，能让音乐家在专辑发行前赶到该国做巡回演出。可电影公司能从电影院和 DVD 销售中获得收入，唱片公司却只能从 CD 销售中获得收入。乐队巡演时，演唱会的票钱直接进入了乐手们的腰包，而不是唱片公司。因此，CD 可以自由跨越各国边界，对唱片公司并没有什么坏处。

有些国际差异和收入、价格或经济政策的差异无关，而是来自不同社会习俗所带来的不同动机。

伊藤勉

为什么日本夫妇在婚礼上的开销比美国夫妇多？

为庆祝结婚，日本夫妇的平均花费相当于美国夫妇的两倍。虽说在日本款待每名客人的开销比美国高，但如此巨大的成本差异，其主要原因在于日本夫妇往往会邀请更多客人。为什么日本人的婚礼要搞得这么盛大呢？

日本夫妇一般会邀请同事、老板和社区的其他成员来参加婚礼，人际网的涉及面极广。本地政治家也常常受到邀请，哪怕他们根本不认识新婚夫妇。即便是一对中等收入夫妇的婚礼，宾客名单也大多都在 300~500 人。

大型婚礼：对商业和社交网络的投资？

日本夫妇撒下这么广大的人际网，一部分原因在于，日本社会严重依赖于非正式的社交和商业网络。维持个人在这种网络里的地位，其核心就是要保持社交融洽，以和为贵。要是婚礼没请到自认为应受邀请的人，很可能会带来极大的社交障碍，危及当事人的地位。因此，我们可以把日本长长的婚礼宾客名单看作是一项维持重要社交和商业网络的投资。美国当然也存在这种网络，可远不如日本那么重要。

The Economic Naturalist

本章小结

- 人均收入是各国之间最显著的一个差异。不同收入的人大多会做出不同的选择，不管他们的文化背景如何。
- 一部分有趣的国际性差异，源自从事不同职业所造成的机会成本差异。
- 还有一些国际行为差异则是因为各国经济政策不同所造成的。
- 表面上相似的产品，在不同国家的营销手法上存在着有趣的差异。
- 有些国际差异来自不同社会习俗所带来的不同动机。

THE ECONOMIC NATURALIST

09

当心理学碰上经济学

IN SEARCH OF EXPLANATIONS FOR EVERYDAY ENIGMAS

- 为什么康奈尔大学的实际自杀率明明远低于全美大学平均值，可却背负了一个学生自杀率高的坏名声？
- 为什么地产经纪人常带客户看两栋差不多完全一样的房子，但其中一栋却比另一栋既便宜、环境又好？
- 为什么维多利亚的秘密要提供价值数百万美元的镶钻胸罩，即便从来没人买过？
- 为什么有些品牌的冰激凌只卖品脱小份装，有些品牌却只卖半加仑的大份装呢？
- 为什么在美国橄榄球超级碗比赛的周末，主办城市的旅馆完全找不着空房？
- 为什么越来越多的公司把安保工作外包出去？
- 为什么收银员多找了钱，人们往往愿意主动退还；可要是某件商品没被收费，却很少有人退呢？
- 为什么还是有那么多人不穿使用尼龙搭扣的鞋？
- 为什么美国销售的女装按标号尺寸表示大小，而男装却直接采用测量尺寸呢？
- 为什么大多数百货商店把男装摆在较低楼层，而女装摆在较高楼层呢？
- 为什么在单向行驶的桥上，谦让有时反而会导致效率降低？

经济学家常常假设人都是理性的和自私自利的，可新近出现的行为经济学却对此类假设提出了挑战。比如，即便是在绝不会再去的餐馆，我们也会留下小费，而且我们的决定经常受到不相关信息的影响。

行为经济学的大部分奠基之作是由以色列的两位心理学家完成的，分别是丹尼尔·卡尼曼（Daniel Kahneman）和已故的阿莫斯·特沃斯基（Amos Tversky）。在一项实验中，他们请一群大学生估计一下，非洲国家是联合国成员国的比例有多高。大多数学生对此毫无头绪，可他们的任务就是弄出一个数来。这项实验的玄机在于：在问这个问题之前，实验者还让学生们转了一次数字转盘，该转盘会随机转出 1~100 的数字。学生们显然明白，这个数字跟问题的答案毫无逻辑关系。可在转盘上转出 10 或者更小数字的学生，给出的平均估计值是 25%，而转出 65 或更大数字的学生，得出的平均估计值为 45%。

大部分行为经济学研究都关注的是这类认知错误。本章的第一批例子说的是，**在做决定时，人们有时会依赖错误的信息，还有些时候，他们会从正确的信息推导出错误的结论。**

詹森·泰格勒

为什么康奈尔大学的实际自杀率明明远低于全美大学平均值，可却背负了一个学生自杀率高的坏名声？

康奈尔大学的自杀率是每年 0.004 3%，比全美大学生平均自杀率低一半。可一直以来，人们都传说康奈尔大学自杀率很高。为什么现实和传言大相径庭呢？

根据卡尼曼和特沃斯基的说法，人们用直观推断法或“单凭经验的粗糙推理”来对事情做估计。比如，倘若人们试图估计特定事件的发生频率，大多用的是可得性直观推断法，也就是说，倘若这类事情的例子容易记住，那么该事件的发生频率就高。平均起来，可得性直观推断法也是有道理的，因为某类事情经常发生，要回忆起例子自然容易。

但我们记住一件事，并不仅仅因为它发生频率高，事件的突出性也是一个因素。现在，我们大概找出人们认为康奈尔大学自杀率高的原因了。在其他大学，学生自杀一般用一些相对较为平常的方法，比如服用过量安眠药之类。可康奈尔正好横跨在深深的大峡谷两岸，好些学生都是跳桥寻死。救护队悬着绳索到峡谷下面打捞尸体的时候，大桥附近的交通一堵就是好几个小时。所以，人们一想到康奈尔大学的自杀率高不高，就会毫不迟疑地给予肯定回答，因为要从记忆里找出例子实在是太容易了。而如果学生是服药过量致死，除非人们认识当事人，否则就想不起什么例子来。

为什么地产经纪人常带客户看两栋差不多完全一样的房子，但其中一栋却比另一栋既便宜、环境又好？

一位买家正感到头疼，因为他要在两栋房子中选一栋。一栋是屋况良好的希腊复兴风格农舍，标价 30 万美元；另一栋是才翻新过的维多利亚式连排别墅，标价 28 万美元。买家倾向于后者。这时，他的地产经纪人安排他去看另一栋希腊复兴风格农舍。这栋房子的屋况比前一栋稍差，标价 32 万美元。回程的路上，买家宣布，他打算买下第一栋希腊复兴风格农舍。是什么使得地产经纪人认为，给客户再看一栋房子是个好主意呢？

这个情节令我想起一个故事，有个男人问速食店的女招待，菜单上有哪些三明治。“有鸡肉沙拉的和烤牛肉的。”女招待回答。于是就餐者点了烤牛肉三明治。女招待又说：“哦，我忘了，我们还有金枪鱼的。”结果就餐者回答说：“既然这样，我还是要鸡肉沙拉的吧。”

就餐者改了选项，违反了理性选择论的一个基本公理，也就是倘若备选名单上增加了一个最差选项，不应当影响之前已经选中的选项。就餐者最先所做的选择，说明他喜欢烤牛肉三明治多过鸡肉沙拉三明治，而这一偏好，不应当因为备选名单上多了一项金枪鱼三明治而发生改变。

然而，按以塔玛·西蒙森（Itamar Simonson）和阿莫斯·特沃斯基的实验，这种偏好的逆转其实是很普遍的现象。情况好像是这样，人们往往在两个难于比较的选项上拿不定主意。每一项都有吸引人的特点，人们不愿意选择其中之一，因为害怕以后会后悔没选另一个。西蒙森和特沃斯基认为，在这种情形下，引入一个看似无关的新选项能带来深刻的影响。

地产经纪人的客户无法在头一栋希腊复兴风格农舍和维多利亚式连排别墅中做出选择。可轮到比较第一栋农舍和第二栋农舍时，客户并不感到为难，因为第二栋农舍质量不好，价格又贵。在第二次比较中，第一栋农舍轻松取胜，于是客户产生了爱屋及乌的心理，并将这种心理带入了与维多利亚式连排别墅的再度比较当中。

按照传统的理性选择论，经纪人带客户看第二栋农舍的做法完全是浪费时间。然而在实践当中，这种手法经常奏效。

斯蒂芬妮·温斯特拉普

为什么维多利亚的秘密要提供价值数百万美元的镶钻胸罩，即便从来没人买过？

过去 10 年，维多利亚的秘密[①]总会在每年圣诞节目录上高调发布一种极其昂贵的礼物。该公司于 1996 年推出了一款价值 100 多万美元的镶钻魔术胸罩，由超模克劳迪娅·希弗（Claudia Schiffer）代言。次年，在纽约第五大道哈里·温斯顿（Harry Winston）珠宝展示厅，泰雅·宾丝（Tyra Banks）戴着 1997 年款的维多利亚的秘密超级礼物，价值 300 万美元的镶钻蓝宝石胸罩，出现在一辆装甲车上。2006 年的该系列产品由顶级钻石品牌 Hearts On Fire 打造、名模卡罗莱娜·科库娃（Karolina Kurkova）代言，标价 650 万美元。既然从来没有人买过这种镶钻胸罩，为什么维多利亚的秘密仍然每年推出呢？

Photo courtesy Hearts on Fire.

2006 年维多利亚的秘密推出的镶钻梦幻胸罩，
钻石由 Hearts On Fire 提供，售价 650 万美元。

该公司恐怕从来没指望要卖掉这些胸罩。但是，提供镶钻胸罩，或许能带动其他产品的销售，所以算是一种成功手法。镶钻胸罩不断吸引着媒体的视线，使得潜在客户能注意到维多利亚的秘密这个品牌。

① Victoria's Secret，美国顶级内衣品牌。——译者注

该公司很清楚这一好处，它知道，除非新推出的产品比原来的同款产品更华丽，才能吸引到更多的目光。即便卖不出去，也没什么关系，因为钻石很容易回收，可以多次使用。

但镶钻胸罩最重要的一个好处，恐怕是经济学家经常忽视的一点：只要它们在产品目录上现身，人们对送礼物该花多少钱的参照系就会因此发生改变。维多利亚的秘密把“别人花了几百万美元”的想法悄悄灌输到人们的意识里，于是，花几百美元买份礼物就显得没那么荒谬了。我们很容易设想，一个急于讨好妻子的丈夫，刚刚看过售价 650 万美元的梦幻胸罩，于是掏出 298 美元买了该公司一款高级胸罩，恐怕他还觉得自己挺精明的呢。

帕蒂·库恩兹、莫妮卡·德梵

为什么有些品牌的冰激凌只卖品脱小份装，有些品牌却只卖半加仑的大份装呢?

各地超市一般要贩卖多种品牌和口味的冰激凌，但喜欢特定品牌的消费者往往找不到心仪的合适份量。比如，伊萨卡最大的超市出售各种口味的联合利华布瑞尔牌（Breyer's）冰激凌，可只有半加仑大份装的。该店还出售各种口味的本杰瑞（Ben & Jerry's）牌冰激凌，但只有品脱小杯装的。为什么会存在这种差异呢?

在人们的普遍印象当中，本杰瑞是一种高档冰激凌，一部分原因在于该公司在生产冰激凌时使用昂贵的成分和处理方法，还有一部分原因是因为它素来重视采购环保原材料，并积极开展员工关系项目。由于成本更高，它必须索取较高的价格。1 品脱本杰瑞超级纽约雪糕球售价 3.69 美元，这个价格换算成半加仑就是 14.76 美元。反之，半加仑布瑞尔牌薄荷巧克力冰激凌只卖 4.99 美元。

有证据显示，消费者不仅对每盎司的售价敏感，也很看重产品的总价。高档冰激凌刚进入市场的时候，消费者习惯于购买价格相对较低的半加仑装冰激凌。他们发现，本杰瑞比其他冰激凌好吃，可价格也最贵。即便如此，要是看到一罐冰激凌上贴着 15 美元的价签，恐怕还是会叫许多人望而却步。只卖品脱小份装，本杰瑞就小心地回避了价格贵得让人咋舌的问题。再说了，要是人们真心想买份量多些的冰激凌，只要多买几支就行。

出于简单的考虑，传统的经济模型一般假设人们在狭义上都是自私自利的。显然，私利是一种重要的人类动机，可人们也会受到其他动机的驱使。例如，狭义的自利追求，无法解释人们为什么要匿名慈善捐款，或在总统选举中匿名投票。**行为经济学告诉我们，如果想要理解人们在经济活动中实际所做的选择，必须对人类的动机加以更细致的分析。**

伦理问题常在市场交易中留下清晰的烙印，当然，并不一定全都是以预料中的方式出现的。

理查德·泰勒、哈里·陈

为什么在美国橄榄球超级碗比赛的周末，主办城市的旅馆完全找不着空房？

超级碗是美国的年度娱乐盛会。每年，在星期天比赛开始前的那个周末，主办城市的旅馆完全找不着空房间。有人推测，周六晚上房间的市场清算价可能高达数百美元。虽说超级碗比赛的周末有些旅馆收费的确较高，可几乎没有一家开出500美元以上的房费，大部分旅馆索取的价格要低得多。为什么主办城市的旅馆不干脆提高房费呢？

虽说它们不这么做好像是在桌上留下了热钱，可好像还有其他解释。一是暴增的需求量大大超出旅馆估计，就好像有时一款新的车型一上市就大受欢迎，按制造商的建议零售价一售而空。在超级碗赛前旅馆房间的例子中，这个解释显然说不通，毕竟，旅馆经营者很清楚旅客对房间的需求量会暴增。因为这种情况每年都会出现，比赛地点（和职业棒球大赛不一样）也早就提前确定好了。

还有一种可能是，旅馆不愿意收取不合理的高价而得罪顾客。但为什么旅馆要在乎顾客怎么想呢？如果人们觉得市场清算价太高，不对胃口，他们可以拒绝付账。由于街上有大把找不着房间住的沮丧球迷，旅馆十拿九稳能把房间卖掉——哪怕人们觉得价格高得不公平。

然而，在这种场合收取高价可能是一种冒进策略。不少消费者或许会不情愿地支付了市场清算价格，可事后会怨恨旅馆收价这么高。这种反应很要命，尤其对连锁旅馆来说，它们不光要在超级碗的比赛前夜提供房间，还要在其他时间，在其他城市提供房间。要是有人觉得迈阿密的希尔顿酒店在2月份超级碗比赛时敲了自己的竹杠，等他3月到圣路易斯出差时，恐怕就不会再入住希尔顿了。

其他领域的价格异常也可套用这一解释。例如，受欢迎的餐馆知道星期六晚上就餐席位需求量会更大，若按平常价格提供服务，一定会供不应求。可除了周末，餐馆还要在其他日子填满席位。他们认为，倘若客户感觉周末晚上被敲了竹杠，下个星期二就会改去别家餐厅了。

为什么越来越多的公司把安保工作外包出去？

每家公司都必须决定，哪些服务要亲自提供，哪些可以外包给外面的承包商。第 3 章外聘管理咨询师的例子说明，对于有着稳定业务量的日常性服务，公司更愿意自己聘员工来完成；而对于只有间断性需求的服务，则愿意聘用外部承包商。然而近年来，越来越多的公司却反着做，把安保工作外包出去，而安保似乎属于稳定的日常性工作。为什么要外包日常性的安保服务，产生营业间接成本呢？

有研究显示，从事特定工作的员工，在效益更好的公司能得到更高的薪水。这似乎为上述问题暗示了一个可能的解释。倘若一家效益好的公司以最低工资标准和最低限度的员工福利聘用安保职员，人们会觉得有失公平。但倘若由效益相对一般的外部承包商提供同样的就业条件，同一批安保工作人员大概愿意接受。故此，一个勉力经营的独立承包人给安保工作人员提供 6 美元的时薪，似乎合情合理；可要是 IBM 或谷歌这么做，那就极不公平。而最近几十年收入增长的不平衡，进一步深化了人们的这种看法。

布拉德利·斯坦扎克

为什么收银员多找了钱，人们往往愿意主动退还；可要是某件商品没被收费，却很少有人退呢？

在一次非正式调查中，90% 以上的被调查者说，要是超市的收银员多找了 20 美元，他们愿意退给商店。可要是收银员忘了给一件价值 20

美元的灯罩收费，只有 10% 的受试者愿意退给商店。为什么人们在前一种情况下更愿意作出诚实的行为呢?

哲学家早就说过，人们做出诚实的行为，不仅是因为害怕受惩罚，还因为要受同情和愧疚等道德情感的压力。不管是留着多找的零钱还是没收费的灯罩，顾客都不用害怕受惩罚。然而，这两种不同的行为可能会触发不同的道德情感。

如果顾客留下零钱，当天工作结束的时候，收银员的收银机上就会显示 20 美元的缺额，收银员只能自掏腰包补上。收银员的收入大多不高，想到要让这么一位刚跟自己当面接触过的人牺牲 1/3 的日薪，大多数顾客都会觉得不好意思。

可要是顾客不主动说出 20 美元的灯罩没被收费，结果不过是超市的年度利润少了这个数。跟该公司的总利润比起来，20 美元微不足道，而且，它还将由顾客从没见过但想起来就觉得非常富裕的股东们分担。不管从哪种道德观来看，这些事实都不是留下灯罩的正当理由。但它们的确有助于解释，为什么多找了零钱时，顾客更容易在道德情感的驱使下做出诚实行为。

在传统的经济模型中，金钱是一种完美的替代物。不管持有者希望达到什么目的，都能够使用金钱来实现，所以，**从理论上来说，现金奖励胜过同等价值的其他奖品，但人们往往偏好其他形式的奖励。**行为经济学从限制人们随心所欲使用金钱的各种因素着手，帮助我们更好地理解了这类偏好。

为什么新泽西一家电信公司宁愿奖励员工一辆“免费”的宝马汽车，而不是等值的现金呢?

倘若一家公司聘不到也留不住足够的合格员工，经济学家给出了一个现成的解决办法：提供更高的薪水。可一些雇主似乎采用了一种不同的策略。例如，新泽西州霍姆德尔市的 Arcnet 无线通信公司，为在本企业效力一年以上的所有员工提供一辆“免费”的宝马汽车，希望借此降低招募和培训新员工的成本。其他几家使用了类似奖励制度的公司据说也取得了成功。

当然，这些车并不是真正免费的。一辆车每年的租赁和保险费是 9 000 美元。拿到车的员工必须向税务局申报这笔“额外收入”。于是我们碰到一个难解之谜：如果公司直接在员工年薪上多加 9 000 美元，而不是给一辆车，没有人的利益会受损，有些人甚至还能得利。

毕竟，要是哪名员工真的想要一辆宝马车，完全可以自己花钱租一辆。再说了，虽说宝马是辆好车，可对于那些不想要它的人，总还可以拿着每年多出来的 9 000 美元去干点别的事。那么，为什么公司宁愿给车，而不直接给现金呢?

从本质上来说，这很类似家人和朋友之间互送礼品。为什么你要送给表弟一条他恐怕一辈子也不会戴的领带，而不直接给他钱，让他把钱花在自己真正喜欢的东西上呢?

有人会说，这是因为给钱太容易，而特意花时间选礼物更能表达诚意。这个解释用在小礼物上似乎挺合适，可显然没法套用到豪华汽车上。

经济学家理查德·泰勒给出了一个更合理的说法，根据他的观察，最好的礼物往往是让我们自己买时有点舍不得的东西。他问，妻子用跟丈夫的联名户头买了一套价值 1 000 美元的钛钢高尔夫球具，为什么丈夫还很高兴呢? 或许因为他很想要这套球具，可自己买又觉得太奢侈。有别人帮他做了这个抉择，他就能开开心心地享用自己的高尔夫球杆，又无须愧疚。

从这个角度思考送礼的优点在于，它为送礼者提供了合理的建议。不妨看看这个假设实验：在以下若干价值相等的物品中，哪一个最适合送给亲密朋友当礼物？

- 花 20 美元买 1 磅澳大利亚坚果或 10 磅花生；
- 送一张 75 美元的高档餐厅就餐券，只能吃一顿，或是 75 美元的麦当劳就餐券，可吃 15 顿；
- 花 30 美元买 4 磅野生稻米或 50 磅本大叔速食稻米；
- 花 60 美元买一瓶 750 毫升装的珍藏干邑红葡萄酒或 10 加仑廉价白酒。

恐怕大多数人都会选择前一项吧。

我们似乎可以用同样的逻辑来解释 Arcnet 和其他公司赠送宝马车的理由。说不定你觉得很难开口对大萧条年代出生的父母说，你买了一辆比丰田佳美贵两倍的汽车；或者你担心邻居会觉得你这人装腔作势；又或者你一直想要一辆宝马，可妻子坚持要先重新装修厨房。

公司送你一辆礼物车，能打消上述所有顾虑。从公司的角度来看还有一个额外好处，给所有长期效力的员工一辆豪华汽车，比给新招募的员工加薪（这种做法如今也越来越普遍），招致的怨恨情绪更少。

美国劳动力市场会继续朝着以物代薪的方向发展吗？不大可能，因为 Arcnet 的做法并不适合其他雇主。比如，汉堡王连锁店的老板碰到人手短缺，恐怕不会拿出辆二手福特车作为奖励吧。需要非技术性工作人员的雇主，大概会继续采用提高薪资的老一套做法。

但以物代薪的薪资方式，很可能在需要熟练技术工人的行业发展开来。因为这些企业面对的是持久的劳动力不足状况，他们想要招聘和挽留的员工，对新款豪华品更为敏感。

随着这一趋势的发展，所送礼品也可能会发生变化。这一策略能够成功达到目的，取决于礼品能否让员工感到兴奋，而这一点，完全取决于当时当地的环境。1991 年，畅销小说作家约翰·格雷森姆（John Grisham）在《黑色豪门企业》（*Firm*）一书中写到，年轻律师得到一辆崭新的宝马作为签约奖励，大多数读者恐怕吃惊不小，即便到了今天，同样的做法也会吸引媒体的注意力。可随着越来越多的公司采取这种做法，它最终不可避免地会丧失原有的冲击力，届时雇主们将不得不提高待遇。总有一天，才能出众的咨询师和投资经理，也许会因为雇主给的奖励不如保时捷跑车般贵重或不如到墨西哥度假般奢侈而心生怠慢吧。

在传统的经济模型假设中，人们有着明确的目标，并力求卓有成效地实现。可近来行为经济学所做的研究显示，**在很大程度上，人们所做的选择，源于一种想要构建、保持个人或群体认同的心理动机**。这一观察有助于解释不少从传统经济模型来看逻辑不太明显的选择。

亚当·戈尔德斯坦因

为什么还是有那么多人不穿使用尼龙搭扣的鞋?

1955 年瑞士发明家乔治·梅斯特劳尔（George de Mestral）获得尼龙搭扣专利权之前，学会系鞋带一直是童年的一道必行仪式。而自此以后，尼龙搭扣在大量场合下取代了拉链、挂扣、系带和其他传统拴系方法。从穿鞋的角度来看，尼龙搭扣显然比鞋带更方便。比如，鞋带容易松，人们很容易在走路的时候被绊倒。而使用尼龙搭扣比用鞋带快得多，也简单得多。虽然人们曾经以为尼龙搭扣很快就会把鞋带从市场上赶出去，但穿尼龙搭扣鞋的成年人，比例仍然很小。为什么鞋带没被淘汰呢?

最开始，制鞋业将尼龙搭扣广泛应用于为儿童、老年人和弱智者提供的鞋子上。童鞋上大量使用尼龙搭扣，解释了不少小孩子至今仍没学会系鞋带的原因。有尼龙搭扣的鞋子，为这些孩子及其家长提供了一种便捷的自立方法。在老年人当中，出于医护原因，尼龙搭扣也很受欢迎。例如，一些老年人弯不下腰，还有些老年人手指不灵活，没办法系鞋带。

于是，在公众印象里，用尼龙搭扣的鞋子，就跟无能与脆弱联系到了一起。即便从多方面来看，尼龙搭扣比鞋带更好用，但鞋带并不会立刻消失。

萨利·舒瓦茨、萨拉·坎特

为什么美国销售的女装按标号尺寸表示大小，而男装却直接采用测量尺寸呢?

在 1960 年，倘若有个腰围 86 厘米、内侧腿长 84 厘米的男士要买条合身裤子，他只需要找一条标签上写着“W：86，L：84”的裤子就行了。同一个人如今买裤子，也只需套用相同做法即可。然而，女装的尺寸标签（一般标着 0~18 的数字），跟女士体格的实测数据却并无明显联系。而且，1960 年适合某位女士的衣服上面所标注的码数，今天对同样体格的女士来说，就太大了。为什么女装尺码这么缺乏信息含量呢?

1958 年，美国商务部公布了一套女装尺码的商业标准。但零售商很快发现，要是给衣服标一个比实际尺码小的数字，能推动销量，这个就是所谓的“虚荣尺码”伎俩。脱离公布标准的做法日益普遍，到 1983 年，商务部不得不放弃该标准。时至今日，拒绝使用虚荣尺码的成衣商，别指望还能继续做这行买卖。看起来，不少女士都喜欢穿标注尺码较小的衣服，因为这能显得自己身材更苗条。

虽说服装尺码越缩越小，可女性的体格却越变越大了。当今美国女性的平均体重比 1960 年重了 11 千克。所以，女装尺码的缩水大致抵消了女性实际体格的增长。任何逛过二手服装店的女性都可证明，1960 年的 8 码服装比今天的 8 码要小。可如今的 8 码适合普通身材的女性，正如 1960 年的 8 码适合当年普通身材的女性。

随着时间的推移，男士的体格也越来越大了。为什么男装成衣商不使用同样的“虚假尺码”伎俩呢？考虑到为自己植发、做整容手术的男性越来越多，那么答案并不是男人不爱好虚荣。只不过，男装标签上使用的客观尺度，难以为成衣商们蓄意操纵。

利玛·萨瓦娅

为什么大多数百货商店把男装摆在较低楼层，而女装摆在较高楼层呢？

在梅西百货商店（Macy’s）和布鲁明黛百货商店（Bloomingdale’s），大多数男装摆放在一楼，而大多数女装却放在三楼。世界各地的百货商店也基本采用此种模式，少有例外。为什么百货商店把男装部放在更方便找到的地方呢？

虽然大多数男女都希望在公众场合衣冠得体，但在女性的身份认同构建当中，外表占的比重更大。而且，女性在服装上的开支比男性高两倍。这个事实也说明，女性在选择衣装时比男人更谨慎认真。因此，必须乘坐电梯才能抵达女装部，并不会打消女士买衣服的念头。

反之，哪怕是一点微不足道的障碍，也会让许多男士对男装部望而却步。大多数男人并不觉得非得要买一套新西装不可，倘若买的时候又不那么方便，不少人都会采取能免就免的态度。

把男装放在一楼还有一个好处是，不少丈夫都是妻子负责给买衣服。

路过男装部的女士很可能顺便帮丈夫买双袜子，或者几件衬衣。男人很少给妻子买衣服，所以如果男女装摆放位置反过来，商店得不到什么好处。

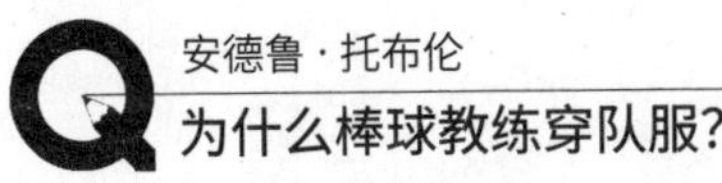

安德鲁·托布伦

为什么棒球教练穿队服?

在主流职业运动项目当中，只有棒球要求球队教练跟球员穿同样的队服。NBA的篮球教练一般穿西服打领带，NHL的曲棍球教练也一样。NFL的橄榄球教练一般穿训练外套，戴棒球帽，坐在观众席上。为什么只有棒球教练要穿队服呢?

要是读者还记得前芝加哥俱乐部教练唐·泽姆（Don Zimmer）跨过土墩，去叫投手换人的样子，想必并不认为棒球队服有利于遮掩中年男士发福的体格。

要给棒球教练穿队服找一个更说得通的解释，首先要看到，棒球这项有组织的职业运动项目早在篮球、橄榄球和曲棍球之前就出现了。由于当时并没有教练着装的先例，人们理所当然地认为，教练该跟队员穿同样的队服，而且早期的棒球队服松松垮垮，足够遮掩上了岁数的男人走形的身躯。

而且，由于棒球对强健身体的要求并不特别高，队员体重大大超标的情况也并不少见。所以，一个穿棒球队服身材走样的教练，总不如一个穿篮球队服身材走样的教练那么惹人注意。出于同样道理，教练经常要进入赛场，翻过土墩叫投手换人，也是棒球有别于其他运动的一个特点。在这种场合下，穿西服似乎显得很不合时宜。最后一个原因是，好多教练从前都是一流的棒球选手，所以他们穿队服是合情合理的。

但要理解其他主流运动项目的教练为什么不穿队服，最简单的方式是设想一下那会显得有多荒谬。比如，休斯顿火箭队的教练范甘迪（Jeff

Van Gundy）[①]，穿着短裤背心坐在赛场边上，达拉斯牛仔队（橄榄球队）的教练比尔·帕瑟尔（Bill Parcells）顶着垫肩，穿着紧身短裤，要不就是纽约岛人队（曲棍球队）的教练特德·诺兰（Ted Nolan）穿着全副曲棍球防具。棒球队服虽说对中年男人发胖的体型未做修饰，可穿着队服的棒球教练们，总比其他主流运动的教练穿队服要正常很多。

教练穿队服：为什么只有棒球才是这样？

① 作者写书的时候火箭队主教练为范甘迪。——译者注

接下来的几个例子，讲的是一个早已为企业主们所掌握的原理，但直到近年来才刚刚受到经济学家的重视。采用这个有关人类心理的小小常识，能设计出不少充分带动企业收入的营销策略。

凯特·鲁宾斯坦

为什么塔吉特超市大力推销其药房里的处方药？

塔吉特超市提供的产品范围极广，其中很多都要打广告、做促销，但超市尤其注重宣传入驻药房的处方药品。每当塔吉特超市新开一家卖场，就会派发大量的促销券，很多都是跟药房有关的——“把你的处方转到塔吉特药房，下次买东西就能省 10 美元。”这么做是为什么呢？

顾客向药剂师出示处方之后，要是够幸运的话，等 5 分钟就能拿到药了。可要是当时柜台很忙，可能就要等上 20 多分钟。倘若顾客够理性，事先料到要等候，就会带上一些读物打发时间。而塔吉特超市的管理者似乎意识到，大多数顾客根本不会考虑这么长远。他们还知道，这种顾客在等待配药的时候，不会坐着干等。既然身边就有琳琅满目的商品，一般的顾客都会选择逛逛超市。所以，为药店招揽额外的主顾，也是一种让他们购买其他东西的有效方式。

第 6 章有几个例子阐释了法律和规定如何调和个人与群体的矛盾。另一做法是，让群体遵守一定的社会规范，这种社会规范能使个人和群体利益保持平衡。如果排队等公车的人比车上的座位要多，大家争抢座位时就可能引发混乱。可不管人们抢得多厉害，车上的座位数保持不变。为了解决这个问题，英联邦国家建立起一种社会规范，人人都知道排在队伍前面的人先得座位。

这种规范提高效率，带动社会和谐。可本章最后几个例子却说明，**先到先得的规范有时也会造成不受欢迎的结果。**

马里奥·卡波里奇、斯科特·马格拉斯

为什么在单向行驶的桥上，谦让有时反而会导致效率降低？

在纽约的伊萨卡，有几条单向行驶的桥。多年来，先到先过的社会规范，掌控着车辆过桥的顺序。在这一规范下，如果对面方向有车等着，你绝不应该开上桥。这一规范的表面目的是防止单方向的车流等太长时间都过不了桥。如前所述，在大多数情况下，鼓励自我克制的社会规范能带来更高效的结果。可在这个例子当中，谦让反而常导致效率降低。为什么司机还要遵守这一规范呢？

不妨先假设在完全没有规范的情况下，过桥的车流会是个什么样子。假设头一个司机从北面开来，发现桥上没有车，于是就开始过桥。过了一会儿，第二个司机从南面开来，看见对面方向已经来了一辆车，于是就决心等到对方过完桥再走。因为要是后来的那辆车也开上桥，两辆车就会在桥上面对面堵着，除非一方退回桥下，否则谁也走不了。

假设第一个司机开过桥需要 30 秒，他刚开了 10 秒的时候，第三个司机，从北面来的，开车上了桥。这时，第二个司机最好的做法仍然是继续等下去。如果北面来车的时间间隔短于 30 秒，并且每辆车都依次上桥，先到的第二个司机还是只有继续等着。在交通量相对较大的时候，南面的来车要过桥恐怕得等上几个小时。

伊萨卡的社会规范试图消除这种可能性，它要求两个方向的来车都按先来后到的顺序过桥。所以在前述情况下，规范要求第三个司机等第二个司机过完了桥再上桥。这需要自制，因为要是第三个司机直接跟在头一辆车后头开始过桥，第二个司机根本没办法。他只能等到第三个司机（以及跟在他后面的其他车辆）过完桥之后再说。

先到先过：这个规范也不是随时都有效。

这一规范效果如何呢？在南北方向车流量都大的时候，等候时间其实比不存在此规范的情况更长。

假设两个方向各来了一队 10 辆车的旅游队，车队里每辆车的行驶间距皆为 10 秒钟，而且北向车队的打头车比南向车队的先到桥边。如果不遵守先到先过的规范，所有北向行驶的车一口气过桥，之后再轮到南向行驶的车队过。北向行驶的车辆完全不用等，而南向行驶的车队总共需等 12 分 30 秒，各位读者只需要拿支笔，拿张纸，稍加计算就能算清楚。

反之，如果遵照先到先过的规范，头一辆北向行驶的车开过桥以后，轮到南向车队的第一辆车过，接着是北向车队的第二辆车，再接着是南向车队的第二辆车，如此反复。如果你有耐心，不妨把相应的等候时间加起来算算看，你会发现，等候时间总计达到 80 分钟之久——北向车队总共要等 37.5 分钟，南向车队要等 42.5 分钟，比没有规范的情况长 6 倍。

先到先过的规范，不仅极大地延长了等候总时长，还使等候时间分布得更不平均。但这些问题只在车流量大的时候才显得突出，而伊萨卡车流量大的时候相对比较少。

尽管有此缺陷，先到先过规范仍经受住了时间的考验。每辆车顺利过完桥之后，司机一般会向对面方向排头车的司机致个敬，算是感谢对方遵守规范，没有紧跟着前头的车抢先过桥。

The Economic
Naturalist

本章小结

- 在做决定时，人们有时会依赖错误的信息，还有些时候，他们会从正确的信息推导出错误的结论。
- 行为经济学告诉我们，如果想要理解人们在经济活动中实际所做的选择，必须对人类的动机加以更细致的分析。
- 从理论上来说，现金奖励胜过同等价值的其他奖品，但人们往往偏好其他形式的奖励。
- 在很大程度上，人们所做的选择，源于一种想要构建、保持个人或群体认同的心理动机。
- 先到先得的规范有时也会造成不受欢迎的结果。

THE ECONOMIC NATURALIST

10
非正式的人际关系市场

IN SEARCH OF EXPLANATIONS FOR EVERYDAY ENIGMAS

- 为什么男女初婚年龄延后了?
- 为什么人们在有了异性朋友之后，更容易找到另一个异性朋友?
- 为什么人们大多认为含蓄是迷人的品质?
- 为什么住在农村的人比住在城里的人结婚早?
- 如果真如大家所认为的，一夫多妻制对男人有利，而对女人有害，那为什么以男性为主的立法者要禁止它呢?
- 为什么许多军婚都是 10 年后才离异?
- 为什么通常外表富有吸引力的人也更为聪明?
- 为什么喜欢深色头发女性的男人，比偏爱金发女郎的男人，更容易娶到比较和气、健康、漂亮又聪明的妻子呢?
- 如果说好看的人比其他人更聪明，又如果说人们总以为金发女郎更好看，那为什么会有取笑金发女郎笨的笑话呢?

虽然人际关系主要受情感的影响，但也不能完全跳脱经济逻辑。不妨想想财富和个人吸引力之间的关系。人人都想在有好学校的安全街区拥有住房，可那些低收入的人肯定办不到。所以，若问女性心目中男人最吸引人的特点是什么，收入能力毫无例外总排在前头。对此，经济学家并不吃惊。

在菲茨杰拉德（F.Scott Fitzgerald）的《了不起的盖茨比》一书中，主人公詹姆斯·盖茨知道，自己卑微的社会地位配不上向他喜欢的女人戴茜求婚。所以他给自己改名叫杰·盖茨比，一心一意要在物质上实现极大成功。

亚当·斯密的补偿性工资差别理论（第 3 章），有助于深入阐释盖茨比的追求。这一理论指出，一件工作越叫人不愉快，风险越大，报酬就越可观。所以，一些报酬极优厚的工作，最适合的人选，是那些愿意做缺德事的人。盖茨比发现，要想实现目标，自己不能谨小慎微，畏手畏脚。

菲茨杰拉德并未描写盖茨比聚敛财富的具体细节。但盖茨比的事业不仅有损道德，而且犯了法，这一点是没有太大疑问的。盖茨比很清楚，要是他给逮住受了罚，梦想就会破灭。但要是他选择不那么冒险的道路，肯定不会发财。

本章各例利用经济学家的观点，阐明**非正式的社交关系市场，也要受支配其他市场行为的供求逻辑所影响**。经济学家提出如此看法，并不是说在选择婚姻伴侣时，爱情不算数。其实，菲茨杰拉德本人，尽管素来认为物质在求偶过程中占重要地位，可也曾对友人说过，不要为了钱而结婚。“跟着钱走，”他建议道，“为了爱结婚。”

虽说这个星球上的60亿人口，每个人都互不相同，但人们在评价潜在婚姻伴侣的时候似乎有若干共同点。这些共同点随文化不同而略有变化，但重合程度惊人。比如，很多人都喜欢伴侣和气、老实、忠诚、健康、聪明，外表有魅力。女性一般都承认，会被经济上成功的男人所吸引。在问到认为什么样的女性有魅力时，以前男性倒没提过收入能力，可在美国近年来的调查里，他们也开始提了。

每个人在婚配这一非正式市场上的购买力，取决于该人天生的个人特点。简单说也就是，假设个别加权代表相应个性的相对重要性，那么，不妨以寻婚者所拥有的个性加权平均值来衡量其购买力。这样一来，每个人都可算出一个介于1~10的分数，较高的分数代表较为合意的个性组合。再假设每个寻婚者都遵守“跟愿意要你的最佳人选结婚”的规则，而且，所有人都挑选同类型的配偶，即10分的候选者配其他10分的候选者，9分的配其他9分的，以此类推。

不用说，这样描述人们如何筛选伴侣，实在过分生硬、缺乏感情。但对于一些我们在实际生活中观察到的求爱行为，它似乎能做一些粗浅的解释。

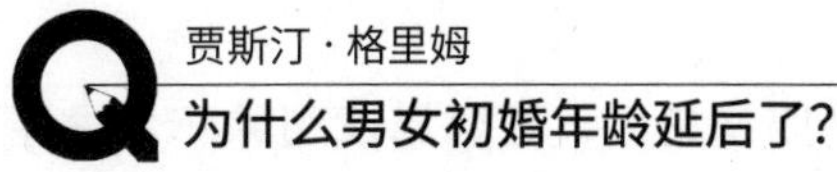

贾斯汀·格里姆

为什么男女初婚年龄延后了?

在 20 世纪 60 年代，美国男性的初婚年龄是 22.8 岁，女性是 20.3 岁。但到 2004 年，男性的初婚年龄提高到 27.4 岁，女性提高到 25.8 岁。其他国家也出现了类似增长。2001 年，澳大利亚男性的初婚年龄是 28.7 岁，女性是 26.9 岁，而在 70 年代，男性是 23.4 岁，女性是 21.1 岁。为什么现在人的结婚年龄推迟了呢?

原因之一是，随着收入的提高，人们接受了更多教育，一个人找到工作所需的教育量也因此提高。比如，一个世纪以前，一个有高中学历的人找一份银行出纳员的工作是十拿九稳的，可如今，大多数银行的这类职位都是大学毕业生来干。而且，随着劳动力市场竞争越发激烈，成绩和其他学校表现对事业成功的影响也越来越大。

对男女双方来说，早结婚的机会成本提高了。比如，结婚早的人很难拿到大学文凭，生了孩子的年轻家长就更难了。此外，从人们希望跟成功者结婚的角度而言，预测对方是否能获得成功所需的信息，不如以前那么容易获得了。

传统上，早结婚的一大好处是，趁着好人全被别人抢走之前，找个有魅力的伴侣先下手为强。但现在的人们似乎并不像从前那样担心落在别人后头。凭借较高的收入，较高的教育水平，迁居的灵活性也比从前大，人们总能碰到潜在的结婚伴侣。所以，年轻时错失有魅力伴侣的机会成本，不如从前那么高了。

趁年轻结婚还有一个好处是，能够在自己身体健康强壮，有能力满足抚养下一代的需求之时，及时生下孩子。但随着健康水平和寿命的普遍提高，这个好处也渐失意义。

总之，早结婚的成本提高了，收益却减少了。这有助于说明人们初婚年龄提高的原因。

赫托尔·裴多

为什么人们在有了异性朋友之后，更容易找到另一个异性朋友？

一个年轻小伙子跟一位有魅力的年轻姑娘成了亲密朋友，他们保持着一种非常柏拉图式的关系。一天晚上，姑娘邀小伙子去酒吧，说："今天晚上我要帮你找个伴儿。"俩人到了酒吧，姑娘专心致志地打量起在场的其他人来。她一边看，一边亲昵地挽着小伙子的胳膊，充满爱意地看着他，并不时与他耳语。接着姑娘说自己要走了，并跟小伙子说第二天喝咖啡时见。等她一走，其他好几个有魅力的年轻姑娘都来跟小伙子搭讪。小伙子彻底懵了。为什么这些姑娘突然对他表现出这么大的兴趣呢?

第二天喝咖啡的时候，姑娘对小伙子得到这么多青睐一点也不吃惊，她说："我早就知道会这样。"

"光是看一个人的外表，很难判断他到底够不够好。"姑娘解释说。可因为酒吧里其他姑娘明白，有魅力的姑娘一般很受男人欢迎，所以，她，一个有魅力的姑娘，对一个认识的男性给予这么亲密的关注，显然说明，这个男的没问题。

小伙子把这次的经历看作马太效应的又一例子："凡有的，还要加给他，叫他有余。"(《马太福音》)

为什么人们大多认为含蓄是迷人的品质?

到了适婚年龄的单身男女一般要花相当长时间寻找潜在配偶。他们常去酒吧，参加俱乐部，成为健身房的会员，出席宗教仪式，请求朋友和亲戚多帮忙，甚至出钱寻找相亲服务。但要是表面上吸引人的潜在伴侣对结成关系过度热心，他们大多也会拒绝。为什么人们更偏爱含蓄的潜在伴侣呢？

已故的著名演员格劳乔·马克斯（Groucho Marx）曾说过，他绝不愿意参加任何主动给他会员资格的俱乐部。显然，在个人关系中采取这种姿态，肯定要失败。但马克斯的确说中了点什么。

如前所述，人们大多寻找的是有同情心、聪明、健康、诚实、情绪稳定、外表有吸引力的伴侣。这些特点中，有一些比较容易观察到，有一些却不然。具备上述所有品质的人，需求量很大，也就不太可能急着寻找伴侣。而对于知道自己缺乏某些品质的人，情况可就不同了。这种人很可能遭到了多次拒绝，难以压抑自己对成功的渴望。

于是，适当的含蓄就成了一种迷人的品质。

马特·汉艮

为什么住在农村的人比住在城里的人结婚早？

2000—2003 年，住在西弗吉尼亚乡村地区的青年，男性初婚年龄平均为 25.9 岁，女性为 23.9 岁。反之，住在新泽西城市或郊区的青年，男性初婚年龄平均为 28.6 岁，女性为 26.4 岁。为什么住在农村地区的人结婚早呢？

结婚早的一大成本是，离婚的可能性更大。所有的夫妇，不论住在农村还是城市，如果愿意在正式结婚之前等得更久一些，越有可能维持长久的婚姻关系。但如我们所知，对整体来说有道理的抉择，不见得总是对个人有利。比如有人碰到了一个特别有魅力的结婚伴侣，他可能会发现，等得太久不见得只有好处，还有风险——尤其是，万一有其他人出现获得了对方的青睐怎么办？

虽说天底下没有完全一样的两个人，可要是住在大城市里的某个人，错失了跟迷人潜在配偶结婚的机会，总还会碰到大把单身年轻人，并最终找到条件差不多的替代者。

可人类吸引力的构成基础，乃是无数的各异特质，要是一个住在乡村环境里的人，错失了一次结成良缘的机会，那么，他很有理由担心，未来找到的次佳人选，不如头一个那么迷人。

所以，农村地区早婚现象，可以看做是个人利益与群体利益冲突的又一个例子。从所有人的角度来看，等得久更好，但对个人来说，最有利的策略是好机会一出现就牢牢抓住。

还有一个与此有关的因素是，农村地区的教育水平较低，相应地，从事需要花费时间才能取得事业成就的人也就较少。所以，农村地区的人，等久点再结婚（预测成功所需的信息，一般要在较迟的时候才能获得）的动机并不那么强烈。

经济学家的人际关系市场模型，不仅能解释求偶惯例，还能解释社会用来规范婚姻关系的法律，以及人们在考虑是否挽留婚姻关系时所作的抉择。

如果真如大家所认为的，一夫多妻制对男人有利，而对女人有害，那为什么以男性为主的立法者要禁止它呢？

不少人认为，只要不对别人造成不可接受的伤害，成年人愿意做什么就做什么。当然，困难的是，如何界定何谓“不可接受的伤害”。HBO 电视台的系列剧《三栖大丈夫》（*Big Love*），讲述了盐湖城一个一夫多妻家庭的虚构故事，重新挑起了对这个问题的争议。

芭玻、妮基和玛姬妮是《三栖大丈夫》里的三个女主人公，选择嫁给成功的商人比尔·汉瑞克森，他有能力为这个大家庭提供富裕的生活。社会应该禁止这种安排吗？因为它给别人造成了不可接受的伤害？它伤害了谁呢？怎么伤害的呢？按照经济学家的婚姻伴侣非正式市场模型，这些问题很有一些有趣之处可谈。

反对一夫多妻制的传统观点认为，它对女性造成了伤害，尤其是那些被迫进入这种婚姻关系的年轻姑娘。毫无疑问，强迫性婚姻关系，不管是多妻还是一妻，都应当为社会所禁止。但成熟的女性自愿选择多妻婚姻关系，说明她们喜欢这种安排。如果说多妻制婚姻对女性造成了伤害，那么受害者显然是那些喜欢一夫一妻制的女性。

我们很容易看出这些女性是如何受伤害的。例如，在一夫一妻制度下，芭玻最先选择的是嫁给比尔，比尔也选择娶她。可要是允许一夫多妻，比尔可能不仅想娶芭玻，还想娶妮基和玛姬妮。芭玻不得不在两个不那么合意的结果中做出选择：要么重新寻找支持一夫一妻的伴侣，要么继续保持她不喜欢的多妻婚姻关系。

对一些女性来说，允许多妻制婚姻关系，会损失一些诱人的选择。但光凭这一事实，并不能说明多妻制对女性造成了不可接受的伤害。假设多妻制合法，且男女比例相当，有 10% 的男性平均每人有 3 个妻子，而剩下的婚姻仍为一夫一妻制。在满足了一夫多妻的 10% 的男子的情况下，剩下的每 7 名女性就对应着 9 名男士。在一夫一妻制伴侣的非正式市场上，男性过多，交易条件就变得有利于女性。妻子们用不着再洗那么多尿片，她们的双亲也免掉了支付婚礼费用的苦差。

对男人来说又是什么情况呢？显然，对一部分男性来说，一夫多妻制是有利的。毕竟，像《三栖大丈夫》里比尔·汉瑞克森那样的男人还有不少，他们不仅喜欢占有若干妻子，而且也能吸引到若干妻子。

可那些喜欢一夫一妻制的人怎么办呢？如前所述，允许多妻制婚姻，会让单配偶关系中的男女数量失衡。由于不少合乎条件的女性现在成了别人的囊中物，交易条件对男性变得极端不利。不少男人完全结不上婚。

总之，供求逻辑证明了传统一夫一妻制的道理所在。如果多妻制真的伤害了谁，那么，受害者也大多是男人，而不是女人。

如果我们考虑到男性为了获得稀缺的女性配偶，将对有利位置展开更为激烈的争夺，这个结论就显得更有道理了。女性的供应量持续短缺，男性面对的经济压力将比现在更大，要花更多时间练肌肉；做整容手术的男人会更多；在订婚戒指上的支出必将增加；情人节上至少得送两打玫瑰。然而，不管男人们如何勇猛奋斗，注定结不了婚的男人总数仍然不变。

不管其他用意如何，禁止多妻制的法律充当了一种限制恶性竞争的协议，以免男人过得太辛苦。这有助于解释，为什么以男性为主的立法者会对此类法令采取支持态度。

安德鲁·布朗科

为什么许多军婚都是 10 年后才离异?

根据早前一项调查，夫妇离婚率最高的阶段是结婚 3 年前后；结婚 7 年后，离婚率陡降，而且自此之后逐年走低。可按照军方的说法，如果夫妻二人中有一方在军队效力，则其离婚高峰出现在结婚第 11 年。如何解释这一现象呢?

按照《军婚离异配偶保护法案》的规定，倘若军婚离异，则军人的前配偶可从军人的退伍金中获得赔偿。从这一点，我们可以想到一个说得通的假设。保护法案规定，军婚 10 年后，军人的前伴侣可按一定比例获得军人的退伍金，这笔钱将由国防财务会计服务局直接支付。等到 10 年之后再离婚，军人的前伴侣就能够靠着退伍金获得补偿，用不着再靠军人养活。

我们观察到，正如人的特征和偏好会影响人所做的决定，婚姻伴侣非正式市场也有可能受到这些特征模式的影响。

金泽哲、乔迪·寇瓦

为什么通常外表富有吸引力的人也更为聪明？

研究显示，在别人眼里外表富有吸引力的人，往往也被认为更聪明。而且，众所周知，长得乖巧的孩子在学校里成绩也大多比较好。虽说对后一发现的通常解释是，教师心存偏爱，但若对婚姻伴侣非正式市场加以经济学分析，则可看出：长得好看的孩子，或许真的也比较聪明。

例如，进化心理学家金泽哲（Satoshi Kanazawa）和乔迪·寇瓦（Jody Kovar）为以下 4 个命题提供了极具说服力的证据：

1 聪明人更容易获得较高的社会地位和较高的收入；
2. 男性大多把外表迷人的女性视作更合意的婚姻伴侣；
3. 女性一般把有着较高收入和较高社会地位的男性看作更合意的婚姻伴侣；
4. 智力和外表吸引力都是重要的可遗传特征。

倘若前 3 个命题为真，那么就可以合乎逻辑地推论出：外表相对富有吸引力的女性，大多会配上相对聪明的男性。而如果美貌与智慧可以遗传，那么这种结合的后代，往往在两方面都高于平均值。

简而言之，从我们对个人关系非正式市场的认识出发，美貌与智慧并存并不是什么毫无道理的假设。

为什么喜欢深色头发女性的男人，比偏爱金发女郎的男人，更容易娶到比较和气、健康、漂亮又聪明的妻子呢？

都说绅士喜欢金发女郎，不少西方国家所做的调查研究也肯定了这个说法。假设男性可以选择自己更偏好的那种头发颜色的姑娘，那么，他是否有什么说得通的理由偏好深色头发呢？

这里，每名男性在婚姻伴侣非正式市场上的购买力，等于市场对他特定个性组合所分配的给定值。对于任何男性来说，至少在短期内，这个值是固定的。经济模型的基本观点是，具有某一给定值的男性，最终会跟有着同样给定值的女性配对。故此，9 分男人当然希望能娶到 10 分女人，可 10 分女人一般会有更好的选择。9 分男人娶个 9 分女人的情况是比较现实的。

可不管是男性还是女性，很多个性组合都能得出 9 分的给定值。对于这类人来说，某项个人特点分值更高，就意味着其他所有特点分值较低。所以，如果金发能给女性的美丽值加分，那么，较之一个 9 分的黑发女郎，一个 9 分的金发女郎往往在其他方面特点的分值较低。一般来说，除了头发颜色，她可能没那么健康，没那么聪明，没那么和气，没那么漂亮。所以，倘若绅士可以选择，更倾心于深发姑娘是很有道理的做法。

如果说好看的人比其他人更聪明，又如果说人们总以为金发女郎更好看，那为什么会有取笑金发女郎笨的笑话呢？

随手在网上一搜，就能找出上千个关于金发笨女郎的笑话，比如：电话铃在凌晨两点响起，惊醒了正在睡觉的一对夫妇。妻子是个金发女郎，她拿起电话，听了片刻，说，“我怎么知道，那儿离这儿有 300 公里呢！”然后挂断电话。丈夫问，“是谁啊？”妻子说，“不知道。是个女的，她想知道海边天气好不好。”①

这些笑话给我们摆了一道经济难题。如前所述，有证据显示，男性认为金发女郎比深色头发的女人更好看。还有证据指出，人们认为长得好看的人，平均来说也比较聪明。那为什么会有这么多关于金发笨女郎的笑话呢？

别人认为你有多聪明，不仅取决于你天生的智力，还取决于你通过投资教育和训练对智力进行了多少后天培养。而反过来看，一个人对教育的投资量，取决于这种投资能给自己带来多少回报（与投资到其他方面相比较）。如果别人确实觉得金发女郎更迷人，那么，天生金发可能创造出了一些无须在教育方面大力投资就能获得的机遇。

所以，不大聪明的金发女郎比较多，或许并不是她们天生智力比别人差，而在于她们理性地选择了在教育上少做投资。要不，就是深色头发姑娘们嫉妒金发姑娘，一有空就坐在一起编排金发笨姑娘的笑话。

对于经济学家提出的这种没有人情味的非正式人际关系市场模型，批评者完全有理由表示反对，因为它忽视了不少重要的因素。尽管这一模型有助于解释求爱期的某些模式，但它没有考虑“承诺”这一重要因素在成功婚姻中所扮演的角色。在很大程度上，承诺与物质因素没有什么关系。

双边关系中承诺的重要性，凡是跟房东打过交道的人恐怕都知道。假设

① 原文中，对方问的是，“if the coast is clear”，这是个固定词组，意思是“危险过去了没有”。显然，丈夫和别的女人有了婚外情，可金发女郎居然没听出来，而是按字面意思作的理解。——译者注

你刚搬到一个新城市，需要找间公寓。如果你是在洛杉矶或者其他大城市，你不可能亲自去把上千处空房间看个遍。所以，你会对照清单，寻访几处房子，对房间什么样有个大概的了解——价格范围、设施、位置，以及其他你看重的特点。在看房的过程中，你发现有个房子似乎正合你的心意。你想要搞定这处房子。这种时候，你知道别的地方肯定还有更好的公寓，可你的时间十分宝贵，再看下去经济上不合算，你还得继续生活。

拿定主意之后，接下来重要的是让房东做出承诺。谁也不想刚搬进来，房东就告诉自己还得再等一个月。那时候你可能已经买好了窗帘，在墙上挂好了小摆设，安好了电话和宽带，等等。如果被迫离开，不仅这些投资全都要泡汤，你还得重新找地方住。

你住的时间长，对房东来说也有好处，因为他出租公寓要做许多麻烦事，承担不少额外开销。他要打广告，要给几十个潜在房客看房间——他们哪一个都不如你看上去那么稳定、可靠。

结果，即便你知道其他地方还有更好的公寓，即便你的房东知道可能还有比你更好的房客，你们俩也有强烈的动机做出承诺，放过那些机会。标准的做法是签订租约——免得其中一方反悔，答应其他人更有诱惑力的提议。如果你要搬出去，还是得支付承租期间的房租。如果房东要你走人，有了租约，你可以拒绝他的要求。

签订租约所带来的承诺约束力，提高了房客愿意支付的心理价位，拉低了房东愿意接受的心理价位。**没有契约式的承诺所提供的安全感，很多宝贵的交易就做不成。**租约预先排除了有价值的选项，但这正是签署人希望租约实现的目的。

在求偶过程中，你面对的是一个本质上相同的承诺问题。你想要找个伴，但不是什么人都行。约会了一段时间之后，你觉得自己大概了解了外面有哪些合适的人——他们的生理特点如何，伦理道德观什么样，有些什么娱乐爱好，有哪些社交和专业技能，等等。在见过的人里，你对某一个人尤其有兴趣。你觉得自己撞上了好运，对方对你也有同感。你们俩都想继续发展，开始对你们的关系进行投资。你们想结婚，买栋房子，生儿育女。然而，除非你们两个都希望关系维持较长一段时间，否则，上述愿望毫无意义。

但要是出了什么岔子怎么办？不管你的配偶对理想伴侣的想象如何，你都知道，肯定有别的人比你更接近对方的理想。要是这个人突然出现了怎么办？或者，你们中哪个得了绝症怎么办？正如房东和房客通过承诺完成了交易，婚姻伴侣预先排除将来可能出现的选项，也会给他们带来好处。

婚约是试图实现满意承诺的一种方式。然而我们早就发现，法律婚约并不太适合创造一种能让双方都满意的承诺。即便是古代的残酷律法，也只能强迫人们继续跟配偶保持关系，哪怕他们打心眼儿里想要离开。可这种婚姻关系，早就背离了双方最初期望实现的目的。

倘若法律契约能得到爱情的强化，便可实现一种更为安全的承诺。最明显的事实便是，即使出现了更和气、更富有、更迷人的新潜在伴侣，很多婚姻关系也并未受到威胁。和伴侣有着情感依恋的人，并不想追求新的机会，哪怕从纯粹客观的角度来看，新机会更有前途。

这并不是说，情感承诺万无一失。要是听到妻子今晚准备跟美国当红男明星乔治·克鲁尼（George Clooney）共进晚餐，或者丈夫要跟美国当红女演员斯嘉丽·约翰逊（Scarlett Johansson）去喝上一杯，有谁心里不小小地紧张一下呢？当然，就算是不完美的情感承诺，也能让大多数伴侣在大多数时候免吃飞醋。

要点在于，这种情感承诺尽管预先排除了潜在的宝贵机会，仍能带来极大的好处。在冷冰冰的理性成本收益方程式中，对配偶进行情感承诺的价值在于，它能提高投资收益。但请注意这其中的奥妙。情感承诺让人们无法清晰地按成本收益来衡量与伴侣的关系，这才是它效果最好的地方。

有证据显示，在婚姻关系中经常患得患失的人，更容易对婚姻不满；如果心理治疗师试图让人们从成本收益方面思考与配偶的关系，反而会把局面搞得更乱。或许，这样思考个人关系，不符合生物进化给我们的设计。

The Economic Naturalist

本章小结

- 非正式的社交关系市场，也要受支配其他市场行为的供求逻辑所影响。
- 每个人在婚配这一非正式市场上的购买力，取决于该人天生的个人特点。
- 没有契约式的承诺所提供的安全感，很多宝贵的交易就做不成。

THE ECONOMIC NATURALIST

11
起源二题

IN SEARCH OF EXPLANATIONS FOR EVERYDAY ENIGMAS

- 为什么动物保护主义者攻击穿皮毛大衣的女性，却唯独放过穿皮夹克的摩托车手？
- 受挫的才华，隐藏的成本：电影特效会不会将世界上最有天赋的武术指导逐出市场？

本书中引用的大部分例子来自学生们交上来的作业。写作这本书的时候，该如何对其进行修改，是我面对的一大棘手难题。虽然不少文章提出了有趣的问题，可有时候，答案解释得不清不楚，甚至从经济学的角度说不通。如果要引用这些问题，那我恐怕只有修改相应的解释。

可还有不少文章，不仅提出了有趣的问题，而且解释得清清楚楚，文笔也妙不可言。最后，我终于决定，如果一本书前后文风统一，读起来更容易。于是我把学生们提出的问题，全部重新撰写了答案。不过，我很抱歉地告诉各位读者，至少有好几个例子，我写得还不如原作精彩。这里，请允许我对原作者致上最真挚的歉意。

为说明原文到底有多棒，以下我逐字照录两例。

凯文·黑塞

为什么动物保护主义者攻击穿皮毛大衣的女性，却唯独放过穿皮夹克的摩托车手？

对于这个问题，有若干合乎逻辑的解释，这里，我检验其中三条。首先，或许也是最明显的一点，是从体格上看，疲惫的老派女性和魁梧的摩托车手，哪个更具有进化优势；其次，是考虑制成一件女士毛皮外套和一件男士皮夹克，各需要多少动物毛皮；最后，是从成本效益分析的角度来检验动物保护主义者的行为，把目标瞄准某类人而又放过某类人，能带来什么样的好处，回避什么样的成本。

从进化的角度考虑这个问题，动物保护主义者攻击穿皮毛大衣的人，好处很明显。在一位女士的皮毛外套上刷红漆，要冒的身体风险很小。或许你会被飞起的小钱包打几下，但一个身手敏捷的年轻动物保护主义者应该能躲开这类攻击。另一方面，让我们想象有些保护主义者往摩托车手的皮夹克上喷红漆。要是幸运的话，保护主义者会被车手及其朋友们一顿猛追，要是不幸给逮到了，挨一顿拳打脚踢恐怕都算是轻的，甚至还可能吃枪子儿。所以在这种情况下，我们很容易看出，向皮草发起抗议，比向皮夹克发起抗议，更具有进化优势。那么，我们该得出结论说，动物保护主义者是欺软怕硬？这个结论从逻辑上说得通，但我想它过分简单了。

动物保护主义者或许觉得，在一个时间和资源都有限的世界里，应当把活动的目标瞄准那些滋扰动物最厉害的群体。从这个角度出发，制成一件皮毛大衣得要几只貂或者狐狸，而生产一件皮夹克，可能只用得着一头牛而已。以穿皮草的人为目标，动物保护主义者就为好几只野生动物的死表示了抗议。可瞄准穿皮夹克的骑手，却只能对一头死去的家畜表示哀悼。所以，或许动物保护主义者们觉得，瞄准皮草能更有效地利用稀缺资源。然而，这个逻辑存在漏洞。一件皮草固然需要牺牲几只动物，可就整个社会而言，穿皮夹克的人比穿皮草的人多得多，所以，皮夹克耗用的牛的数量，肯定比貂和狐狸要多。根据更有效地利用有限资源为动物之死伸张正义的逻辑，保护主义者们应该以皮夹克为目标才对，因为社会上穿皮夹克的人更多。

最后，请让我对动物保护主义者的动机再做些别的揣测。假设他们的动机是寻找更多的同情者，再假设转化同情者所需要付出的成本是抗议活动所疏远的人数。目标是以最低的成本转化尽量多的同情者。首先，让我们看看以穿皮草者为目标的情况。穿皮草的人一般是富有的年长女性；穿皮草往往被视作炫耀性消费，用来制作皮草的动物，大多可爱，招人同情。以穿皮草的人为目标，并未疏远广大人民群众。一般来说，人们同情受害的动物，多过同情过激抗议行动的受害者。

再对比一下穿皮夹克的摩托车手。从表面上看，摩托车手也不能招来太多同情。可要是他们被动物权利保护主义者当成了目标，反而很可能会获得他人的同情。除了爱骑摩托之外，摩托车手们平时会做些什么呢？比如，他们在独立日干什么？他们成群结队，骑着摩托，浩浩荡荡开到聚会的地方，拿出烧烤架烤肉，喝啤酒，等太阳下了山，放放烟花。除去排成阵形骑摩托这一条，其余的都跟寻常美国人在独立日爱做的事情一样。所以，动物保护主义者们若以穿皮夹克的摩托车手为目标，显然不容易吸引到同情者，甚至还可能造成更多人的疏远。大衣柜里有皮草外套的人不多，可大多数人哪怕没有皮夹克，也会有皮鞋、皮带什么的。还有，大多数人也要吃牛肉。所以，动物权利保护主义者以穿皮草的人为目标，其原因大概并不在于怯懦或害怕受到身体伤害，而是这么做能最有效地激发起人们的支持。

雅各布·列曼

受挫的才华，隐藏的成本：电影特效会不会将世界上最有天赋的武术指导逐出市场？

直到1999年之前，虽说袁和平经验丰富、见识渊博，但在美国尚是个没有什么名气的武术指导。可自从在《黑客帝国》和《卧虎藏龙》两部影片中大展身手之后，他的指导供不应求。与此同时，据说是全世界最伟大的特技指导，拍过《赤胆豪情》（*Rob Roy*）、《危险关系》（*Dangerous*

Liaisons)、《新基督山伯爵》(*The Count of Monte Christo*)、《豪情三剑客》(*The Three Musketeers*)的威廉·霍布斯(William Hobbs),却依然维持着极为有限的票房号召力。在武术指导和影迷心目中,霍布斯设计的打斗素以准确性著称,而且他一贯拒绝设计在技击手册里找不到来历的动作。反之,袁和平大量使用超高速"威亚"(吊钢丝),这跟实际格斗技术几乎没什么联系。

袁和平华丽的打斗引起了多方争议,与其说它是格斗,不如说更像电子游戏。跟霍布斯那种现实的、充满感情的打斗比起来,袁氏武打没有什么叙事价值,但在广告和片花里,它们的效果棒极了。结果,袁和平的名字家喻户晓,于是在武术指导这个赢家通吃的市场,他掌握了极大优势。袁氏华丽打斗的成本极高。首先,它使得观众对霍布斯工作所需要的技术产生了轻视之心;其次,为了招揽观众,其他武术指导不得不加速打斗设计,使用更多的"威亚",增加更炫的动作。连一贯强调真功夫的成龙,在最近的影片里也不得不借助"威亚",而不再表演他看似不可能、但却绝对真实的特技。(在电影中)看看人类的速度到底能有多快,故事到底能讲多好,特技到底能做到什么程度,是很鼓舞人心而富有教育意义的。借助数码特效和传动装置,破坏了真正有特技天赋的演员带给我们的惊喜,进一步加深了现实与银幕之间的鸿沟。然而,在这种赢家通吃的市场,赢家所获得的回报极为丰厚,所以,偏离现实一小步的成本,在巨大的个人利益面前显得微不足道。在霍布斯的电影里,一个人要用三十步才能翻过一堵墙,可在袁和平的电影里,只要三步就能纵身上墙。较之于前者,后者并没有给整个社会带来什么额外的好处。但袁和平(或是其他任何从业者)不用考虑这一成本,不用顾虑这给霍布斯式电影和成龙式电影在流行性上造成的损失。这将会导致赢家通吃市场中"竞争者泛滥",不仅无益于社会,而且当天赋与训练让位于特效时,社会还要蒙受损失。

作者后记

The Economic Naturalist

读到现在，你大概算得上初窥博物经济学的门径了。你可能已经向家人和朋友转述了本书中的一些例子。如果你这样做过，那么你们之间的每一场相关对话，都能加深你对这些例子阐释的经济学原理的理解。

山中无老虎，猴子称大王。诚如我在引言中所说，即便是在大学上过经济学课程的人，对基本的经济学原理如何运作，也大多不甚了了。因此，从相对的角度来看，你已经成了一个经济学专家。

说不定你已经能看出一些日常小事中的新细节和新模式了。在逛商店时，你十有八九碰到了各种折扣门槛的例子。如果你想要找个难点儿的例子，不妨看看有没有什么产品从来不对愿意扫清某类门槛的顾客打折。的确有，但很少。挖掘它们，能让你发现许多之前从没注意过的有趣门槛。

如果有朋友问你，为什么很多商店在每年 1 月份都要促销床单和毛巾，你大概能得出一个在经济学上说得过去的解释。你可以说，靠着打折，有一些本来并不会买的顾客会下决心买，于是商家卖出了额外的份数。当然，商家要面对的挑战是防止愿意按标价付款的买家用大幅折扣价买下商品。你可以向朋友描述，为了达到这个目的，1 月份的大减价给买家设了两道门槛。其一，热衷于买折扣商品的购物者，必须提醒自己，商品什么时候开始打折；其二，他必须耐心等待，把要买的东西推迟到打折的时候再买。你解释说，这些门槛有效，是因为愿意跳过这些门槛的人，要不是碰到大幅打折，本来一年里根本就不会买床单，至少不会一买就买很多套。

你朋友说不定还会问，为什么其他人不跳过这些门槛呢？你回答，那些时间机会成本高的人，往往觉得跳门槛太麻烦。比如比尔·盖茨夫妇想要在 6 月买几条毛巾，他们可不会等到 1 月才买。这种人一般会按标价付款。

如果有人问你，为什么厂商要给寄回优惠券的顾客打折，你会给出一个类似的解释。时间机会成本低的人，一般没有折扣就不会买。而正是这些人，尤其愿意花时间寄回优惠券，耐心地等着 6 个月之后厂商寄回的折扣支票。我妈妈就是一个对价格特别敏感的顾客，她总是这么做。如果你也这么做，那么你多半也是个对价格高度敏感的顾客。可要是你从来没费心把优惠券寄给厂商，那你恐怕对价格并不敏感。商家不会想着给你折扣，因为他们知道，没有折扣你也愿意买他们的产品。

看过那么多个人利益和群体利益失调的例子之后，你会马上注意到一些其他类似情况。比如，要是你有个正在上高中的孩子，你大概会注意到，尽管对每一个有志于跻身顶尖大学的高中生来说，参加 SAT 备战课程是必不可少的，可从总体上来看，花在这些课程上的大量时间和金钱其实没什么用。争取被顶尖大学录取，本质上是一场竞赛，而在一场竞赛中，不管人们竞争有多么激烈，奖牌的数量总是有限的。

这类竞争的数量出奇的多，而从功能上看，参与者们的行为不过是等同于**奢靡无用的军备竞赛**。就拿大学橄榄球赛来说吧。为了提高获胜概率，各学校竞相出高价请教练、招募新人、更换训练设备等。但不管学校花了多少钱，每个周六比赛的时候，总有一半的球队是输家。

人们显然注意到了这种浪费——为了提高性能而竞相投资，最终使得投资毫无所获。几乎在所有案例中，管理方都采取了各种限制此类投资的措施。例如，在F1方程式赛车中，发动机排量仅限于2.4升，以防参赛选手不断更换排量更高的发动机。同样，所有职业运动联盟都对各队的球员名单做出了严格限制，从而控制其防备竞争对手的成本。

限制军备竞赛的协议，绝不仅局限于正规的体育比赛。在许多重要的生活领域，回报的高低，都是由相对表现所决定的。所以，我们在前几章看到过各种限制军备竞赛的规定，例如，对少儿入学时间的硬性规定，学生穿制服的要求，职场安全规范以及禁止一夫多妻的法律。如果你喜欢艰巨的挑战，再举一例：找一种有组织的活动，参与者获得的回报高低依据相对表现的好坏，但组织方对参与者为提高成绩而竞相投资的行为不做限制。反正我是还没碰到过这种活动。规则就是数据。请观察各类团体制定的规则，判断它们的用意何在。

如果你正在考虑换工作，或孩子在考虑自己未来要追求什么事业，本书有关补偿性工资差别理论的例子，尤其有用。我这么说是因为，我留意到学生们在了解了这一理论之后，开始更明智地思考自己的职业选择。起初，好些人唯一的目标就是要找份薪水尽量高的工作。但诚如我们所见，高工资意味着要在职业满足感等其他重要方面作出让步。倘若一份工作要做亏心事，上班时间太固定，晋升潜力有限，职业安全感低，自然吸引力较低，所以必须为此支付较高的工资做补偿。

看在工资高的份上，有人愿意接受这样的交换，但其他人根本没有察觉这种交易的存在。即便刚开始训练自己从经济学的角度看问题，你恐怕也明白，要是碰到薪水太优厚的工作机会，可得小心核查。要是条件好得叫人没法相信，那你最好别信。

你也很清楚地知道，什么时候可以照表面意思理解信息，什么时候要三思而后行。如果双方利益完全一致，那他们显然没有必要误导彼此。所以，在打桥牌的时候，一方玩家使用标准的叫牌方式，向对家暗示自己手中牌的好坏，那么，对家只需要理解他的意思即可，无需怀疑其真实度。可要是卖家吹嘘自己产品的质量有多好，买家有充分的理由加以怀疑。博物经济学家知道，除非这种信息成本高昂，难于造假，要不然就没什么可信度。比如，如果卖家提出全面保修，这应该算一个比较可靠的产品质量信号了，因为产品质量太低的话，卖家提供这种服务就赚不了钱了。

“没有免费的午餐”这一原则，提醒我们当心投资顾问的花言巧语。如果投资顾问声称某公司的股票价格过低，那么，他所说的实际上就等于桌上摆着免费的午餐。可是，桌上要真摆着免费的午餐，总不会一直没人去吃吧。如果其他人也知道股价过低，我们肯定想知道，他们干嘛不赶紧去买呢？如果那样的话，股价早就给拉高了。投资顾问说的是内幕消息？机警的我们凭着博物经济学家敏锐的眼光，一定能意识到：凡是吹嘘能靠着买进低价股票一夜暴富的人，都是些骗子。

不过，用经济学的眼光看待问题，除了能帮助你在市场中做出更明智的决策之外，还有其他许多丰厚的回报。基本上，既定环境的方方面面以及人类和动物行为的所有特点，都是成本与效益相互消长所造成的直接或间接结果。凭着敏锐的目光，我们能在日常生活经验里发现许多相关的结构和模式。在未来的日子里，你可以把找出这些有趣现象当作一种美妙的智力冒险。

未来，属于终身学习者

我们正在亲历前所未有的变革——互联网改变了信息传递的方式，指数级技术快速发展并颠覆商业世界，人工智能正在侵占越来越多的人类领地。

面对这些变化，我们需要问自己：未来需要什么样的人才？

答案是，成为终身学习者。终身学习意味着永不停歇地追求全面的知识结构、强大的逻辑思考能力和敏锐的感知力。这是一种能够在不断变化中随时重建、更新认知体系的能力。阅读，无疑是帮助我们提高这种能力的最佳途径。

在充满不确定性的时代，答案并不总是简单地出现在书本之中。“读万卷书”不仅要亲自阅读、广泛阅读，也需要我们深入探索好书的内部世界，让知识不再局限于书本之中。

湛庐阅读 App：与最聪明的人共同进化

我们现在推出全新的湛庐阅读 App，它将成为您在书本之外，践行终身学习的场所。

- 不用考虑“读什么”。这里汇集了湛庐所有纸质书、电子书、有声书和各种阅读服务。
- 可以学习“怎么读”。我们提供包括课程、精读班和讲书在内的全方位阅读解决方案。
- 谁来领读？您能最先了解到作者、译者、专家等大咖的前沿洞见，他们是高质量思想的源泉。
- 与谁共读？您将加入优秀的读者和终身学习者的行列，他们对阅读和学习具有持久的热情和源源不断的动力。

在湛庐阅读 App 首页，编辑为您精选了经典书目和优质音视频内容，每天早、中、晚更新，满足您不间断的阅读需求。

【特别专题】【主题书单】【人物特写】等原创专栏，提供专业、深度的解读和选书参考，回应社会议题，是您了解湛庐近千位重要作者思想的独家渠道。

在每本图书的详情页，您将通过深度导读栏目【专家视点】【深度访谈】和【书评】读懂、读透一本好书。

通过这个不设限的学习平台，您在任何时间、任何地点都能获得有价值的思想，并通过阅读实现终身学习。我们邀您共建一个与最聪明的人共同进化的社区，使其成为先进思想交汇的聚集地，这正是我们的使命和价值所在。

图书在版编目（CIP）数据

牛奶可乐经济学 /（美）罗伯特 · 弗兰克（Robert H. Frank）著；闾佳译 .—北京：北京联合出版公司，2017.1（2025.12重印）
ISBN 978-7-5502-9250-5

Ⅰ.①牛… Ⅱ.①罗… ②闾… Ⅲ.①经济学—通俗读物 Ⅳ.①F0-49

中国版本图书馆CIP数据核字（2016）第291962号

北京市版权局著作权合同登记　图字：01-2016-9200

上架指导：通俗经济学 / 管理 / 生活

牛奶可乐经济学

作　　者：[美] 罗伯特 · 弗兰克
译　　者：闾　佳
出 品 人：赵红仕
责任编辑：牛炜征
封面设计：张志浩
版式设计：湛庐CHEERS 章艺瑶

北京联合出版公司出版
（北京市西城区德外大街 83 号楼 9 层　100088）
天津中印联印务有限公司印刷　新华书店经销
字数 191 千字　710 毫米 ×965 毫米　1/16　16.00 印张　3 插页
2017 年 1 月第 1 版　2025 年 12 月第 28 次印刷
ISBN 978-7-5502-9250-5
定价：89.90 元